PREFACIO

La colección de guías de conversación para viajar "Todo irá bien" publicada por T&P Books está diseñada para personas que viajan al extranjero para turismo y negocios. Las guías contienen lo más importante - los elementos esenciales para una comunicación básica.Éste es un conjunto de frases imprescindibles para "sobrevivir" mientras está en el extranjero.

Esta guía de conversación le ayudará en la mayoría de los casos donde usted necesite pedir algo, conseguir direcciones, saber cuánto cuesta algo, etc. Puede también resolver situaciones difíciles de la comunicación donde los gestos no pueden ayudar.

Este libro contiene muchas frases que han sido agrupadas según los temas más relevantes. Una sección separada del libro también ofrece un pequeño diccionario con más de 1.500 palabras importantes y útiles.

Llévese la guía de conversación "Todo irá bien" en el camino y tendrá una insustituible compañera de viaje que le ayudará a salir de cualquier situación y le enseñará a no temer hablar con extranjeros.

TABLA DE CONTENIDOS

T&P Books Publishing

Colección de guías de conversación
"¡Todo irá bien!"

T&P Books Publishing

GUÍA DE CONVERSACIÓN
- BIELORRUSO -

LAS PALABRAS Y LAS FRASES MÁS ÚTILES

Esta Guía de Conversación contiene las frases y las preguntas más comunes necesitadas para una comunicación básica con extranjeros

Guía de conversación + diccionario de 1500 palabras

Guía de conversación Español-Bielorruso y diccionario conciso de 1500 palabras

por Andrey Taranov

La colección de guías de conversación para viajar "Todo irá bien" publicada por T&P Books está diseñada para personas que viajan al extranjero para turismo y negocios. Las guías contienen lo más importante - los elementos esenciales para una comunicación básica. Éste es un conjunto de frases imprescindibles para "sobrevivir" mientras está en el extranjero.

Una otra sección del libro también ofrece un pequeño diccionario con más de 1.500 palabras útiles. El diccionario incluye muchos términos gastronómicos y será de gran ayuda para pedir los alimentos en un restaurante o comprando comestibles en la tienda.

T&P Books Publishing
www.tpbooks.com

ISBN: 978-1-78616-902-0

Este libro está disponible en formato electrónico o de E-Book también.
Visite www.tpbooks.com o las librerías electrónicas más destacadas en la Red.

PRONUNCIACIÓN

La letra	Ejemplo bielorruso	T&P alfabeto fonético	Ejemplo español
А а	Англія	[a]	radio
Б б	бульба	[b]	en barco
В в	вечар	[v]	travieso
Г г	галава	[ɦ]	amigo, magnífico
Д д	дзіця	[d]	desierto
Дж дж	джаз	[ʤ]	jazz
Е е	метр	[ɛ]	mes
Ё ё	вясёлы	[jɔ]	yogur
Ж ж	жыццё	[ʒ]	adyacente
З з	заўтра	[z]	desde
І і	нізкі	[i]	ilegal
Й й	англійскі	[j]	asiento
К к	красавік	[k]	charco
Л л	лінія	[l]	lira
М м	камень	[m]	nombre
Н н	Новы год	[n]	número
О о	опера	[ɔ]	costa
П п	піва	[p]	precio
Р р	морква	[r]	era, alfombra
С с	соль	[s]	salva
Т т	трус	[t]	torre
У у	ізумруд	[u]	mundo
Ў ў	каўбаса	[w]	acuerdo
Ф ф	футра	[f]	golf
Х х	захад	[h]	registro
Ц ц	цэнтр	[ʦ]	tsunami
Ч ч	пачатак	[ʧ], [ɕ]	mapache
Ш ш	штодня	[ʃ]	shopping
Ь ь	попельніца	[ʲ]	signo blando, no tiene sonido
Ы ы	рыжы	[ɨ]	abismo
'	сузор'е	[ˀ]	signo duro, no tiene sonido
Э э	Грэцыя	[ɛ]	mes
Ю ю	плюс	[ʉ]	ciudad
Я я	трусяня	[ja], [ʲa]	cambiar

La letra	Ejemplo bielorruso	T&P alfabeto fonético	Ejemplo español

Las combinaciones de letras

дз	**дзень**	[dz]	inglés kids
дзь	**лебедзь**	[dʑ]	tadzhik
дж	**джаз**	[dʒ]	jazz

LISTA DE ABREVIATURAS

Abreviatura en español

adj	-	adjetivo
adv	-	adverbio
anim.	-	animado
conj	-	conjunción
etc.	-	etcétera
f	-	sustantivo femenino
f pl	-	femenino plural
fam.	-	uso familiar
fem.	-	femenino
form.	-	uso formal
inanim.	-	inanimado
innum.	-	innumerable
m	-	sustantivo masculino
m pl	-	masculino plural
m, f	-	masculino, femenino
masc.	-	masculino
mat	-	matemáticas
mil.	-	militar
num.	-	numerable
p.ej.	-	por ejemplo
pl	-	plural
pron	-	pronombre
sg	-	singular
v aux	-	verbo auxiliar
vi	-	verbo intransitivo
vi, vt	-	verbo intransitivo, verbo transitivo
vr	-	verbo reflexivo
vt	-	verbo transitivo

Abreviatura en bielorruso

ж	-	sustantivo femenino
ж мн	-	femenino plural
м	-	sustantivo masculino
м мн	-	masculino plural
м, ж	-	masculino, femenino

МН	-	plural
Н	-	neutro
Н МН	-	género neutro plural

GUÍA DE CONVERSACIÓN BIELORRUSO

Esta sección contiene frases importantes que pueden resultar útiles en varias situaciones de la vida real. La Guía le ayudará a pedir direcciones, aclaración sobre precio, comprar billetes, y pedir alimentos en un restaurante

T&P Books Publishing

CONTENIDO DE LA GUÍA DE CONVERSACIÓN

T&P Books Publishing

Lo más imprescindible

Perdone, …	**Прабачце, …** [pra'batʃʦe, …]
Hola.	**Прывітанне.** [prɨvi'tanne.]
Gracias.	**Дзякуй.** [ʣʲakuj.]
Sí.	**Так.** [tak.]
No.	**Не.** [ne.]
No lo sé.	**Я ня ведаю.** [ʲa nʲa 'vedaʉ.]
¿Dónde? | ¿A dónde? | ¿Cuándo?	**Дзе? | Куды? | Калі?** [ʣe? | ku'dɨ? | ka'li?]
Necesito …	**Мне трэба ...** [mne 'trɛba …]
Quiero …	**Я хачу …** [ʲa ha'ʧu …]
¿Tiene …?	**У вас ёсць …?** [u vas ʲosʦʲ …?]
¿Hay … por aquí?	**Тут ёсць …?** [tut ʲosʦʲ …?]
¿Puedo …?	**Я магу …?** [ʲa ma'ɦu …?]
…, por favor? (petición educada)	**Калі ласка** [ka'li 'laska]
Busco …	**Я шукаю …** [ʲa ʃu'kaʉ …]
el servicio	**туалет** [tua'let]
un cajero automático	**банкамат** [banka'mat]
una farmacia	**аптэку** [ap'tɛku]
el hospital	**бальніцу** [balj'niʦu]
la comisaría	**аддзяленне міліцыі** [aʣʲa'lenne mi'liʦɨi]
el metro	**метро** [me'trɔ]

un taxi	**таксі** [tak'si]
la estación de tren	**вакзал** [vak'zal]

Me llamo …	**Мяне завуць …** [mʲa'ne za'vuʦʲ …]
¿Cómo se llama?	**Як вас завуць?** [ʲak vas za'vuʦʲ?]
¿Puede ayudarme, por favor?	**Дапамажыце мне, калі ласка.** [dapama'ʒɨʦe mne, ka'li 'laska?]
Tengo un problema.	**У мяне праблема.** [u mʲa'ne prab'lema.]
Me encuentro mal.	**Мне дрэнна.** [mne 'drɛnna.]
¡Llame a una ambulancia!	**Выклікайце хуткую дапамогу!** [vɨklikajʦe 'hutkuʉ dapa'mɔɦu!]
¿Puedo llamar, por favor?	**Магу я пазваніць?** [ma'ɦu ʲa pazva'niʦʲ?]

Lo siento.	**Выбачце.** [vɨbaʧʦe.]
De nada.	**Калі ласка.** [ka'li 'laska.]

Yo	**я** [ʲa]
tú	**ты** [tɨ]
él	**ён** [ʲon]
ella	**яна** [ʲa'na]
ellos	**яны** [ʲa'nɨ]
ellas	**яны** [ʲa'nɨ]
nosotros /nosotras/	**мы** [mɨ]
ustedes, vosotros	**вы** [vɨ]
usted	**вы** [vɨ]

ENTRADA	**УВАХОД** [uva'hɔd]
SALIDA	**ВЫХАД** [vɨhad]
FUERA DE SERVICIO	**НЕ ПРАЦУЕ** [ne pra'ʦue]
CERRADO	**ЗАЧЫНЕНА** [za'ʧɨnena]

ABIERTO	**АДЧЫНЕНА** [at'ʧɨnena]
PARA SEÑORAS	**ДЛЯ ЖАНЧЫН** [dlʲa ʒan'ʧɨn]
PARA CABALLEROS	**ДЛЯ МУЖЧЫН** [dlʲa muʒ'ʧɨn]

Preguntas

¿Dónde?	**Дзе?** [dze?]
¿A dónde?	**Куды?** [ku'dɨ?]
¿De dónde?	**Адкуль?** [at'kulʲ?]
¿Por qué?	**Чаму?** [ʧa'mu?]
¿Con que razón?	**Навошта?** [na'vɔʃta?]
¿Cuándo?	**Калі?** [ka'li?]

¿Cuánto tiempo?	**Як доўга?** [ʲak 'dɔwɦa?]
¿A qué hora?	**У колькі ?** [u 'kɔlʲki?]
¿Cuánto?	**Колькі каштуе?** [kɔlʲki kaʃ'tue?]
¿Tiene ...?	**У вас ёсць ...?** [u vas ʲosʦʲ ...?]
¿Dónde está ...?	**Дзе знаходзіцца ...?** [dze zna'hɔʣiʦa ...?]

¿Qué hora es?	**Колькі часу?** [kɔlʲki 'ʧasu?]
¿Puedo llamar, por favor?	**Магу я пазваніць?** [ma'ɦu ʲa pazva'niʦʲ?]
¿Quién es?	**Хто там?** [htɔ tam?]
¿Se puede fumar aquí?	**Тут дазволена курыць?** [tut daz'vɔlena ku'rɨʦʲ?]
¿Puedo ...?	**Я магу ...?** [ʲa ma'ɦu ...?]

Necesidades

Quisiera …	**Я б хацеў /хацела/ …** [ʲa b ha'ʦew /ha'ʦela/ …]
No quiero …	**Я не хачу …** [ʲa ne ha'ʧu …]
Tengo sed.	**Я хачу піць.** [ʲa ha'ʧu piʦʲ.]
Tengo sueño.	**Я хачу спаць.** [ʲa ha'ʧu spaʦʲ.]

Quiero …	**Я хачу …** [ʲa ha'ʧu …]
lavarme	**памыцца** [pa'mɨʦa]
cepillarme los dientes	**пачысціць зубы** [pa'ʧɨsʲʦiʦʲ 'zubɨ]
descansar un momento	**крыху адпачыць** [krɨhu adpa'ʧɨʦʲ]
cambiarme de ropa	**пераапрануцца** [peraapra'nuʦa]

volver al hotel	**вярнуцца ў гасцініцу** [vʲar'nuʦa w ɦas'ʦiniʦu]
comprar …	**купіць …** [ku'piʦʲ …]
ir a …	**з'ездзіць у …** [z'ezʣiʦʲ u …]
visitar …	**наведаць …** [na'vedaʦʲ …]
quedar con …	**сустрэцца з …** [sus'trɛʦa z …]
hacer una llamada	**пазваніць** [pazva'niʦʲ]

Estoy cansado /cansada/.	**Я стаміўся /стамілася/.** [ʲa sta'miwsʲa /sta'milasʲa/.]
Estamos cansados /cansadas/.	**Мы стаміліся.** [mɨ sta'milisʲa.]
Tengo frío.	**Мне холадна.** [mne 'hɔladna.]
Tengo calor.	**Мне горача.** [mne 'ɦɔraʧa.]
Estoy bien.	**Мне нармальна.** [mne nar'malʲna.]

Tengo que hacer una llamada. **Мне трэба пазваніць.**
[mne 'trɛba pazva'nitsʲ.]

Necesito ir al servicio. **Мне трэба ў туалет.**
[mne 'trɛba w tua'let.]

Me tengo que ir. **Мне трэба ісці.**
[mne 'trɛba is'tsi.]

Me tengo que ir ahora. **Мне трэба ісці.**
[mne 'trɛba is'tsi.]

Preguntar por direcciones

Perdone, ...	**Прабачце, ...** [pra'batʃtse, ...]
¿Dónde está ...?	**Дзе знаходзіцца ...?** [dze zna'hɔdzitsa ...?]
¿Por dónde está ...?	**У якім напрамку знаходіцца ...?** [u ʲa'kim na'pramku zna'hɔditsa ...?]
¿Puede ayudarme, por favor?	**Дапамажыце мне, калі ласка.** [dapama'ʒɨtse mne, ka'li 'laska.]
Busco ...	**Я шукаю ...** [ʲa ʃu'kaʉ ...]
Busco la salida.	**Я шукаю выхад.** [ʲa ʃu'kaʉ 'vɨhad.]
Voy a ...	**Я еду ў ...** [ʲa 'edu w ...]
¿Voy bien por aquí para ...?	**Ці правільна я іду ...?** [tsi 'pravilʲna ʲa idu ...?]
¿Está lejos?	**Гэта далёка?** [ɦɛta da'lʲoka?]
¿Puedo llegar a pie?	**Я дайду туды пешшу?** [ʲa daj'du tu'dɨ 'peʃu?]
¿Puede mostrarme en el mapa?	**Пакажыце мне на карце, калі ласка.** [paka'ʒɨtse mne na kartse, ka'li 'laska.]
Por favor muestreme dónde estamos.	**Пакажыце, дзе мы зараз.** [paka'ʒɨtse, dze mɨ 'zaraz.]
Aquí	**Тут** [tut]
Allí	**Там** [tam]
Por aquí	**Сюды** [sʉ'dɨ]
Gire a la derecha.	**Павярніце направа.** [pavʲar'nitse na'prava.]
Gire a la izquierda.	**Павярніце налева** [pavʲar'nitse na'leva.]
la primera (segunda, tercera) calle	**першы (другі, трэці) паварот** [perʃɨ (dru'ɦi, 'trɛtsi) pava'rɔt]
a la derecha	**направа** [na'prava]

a la izquierda	**налева** [na'leva]
Siga recto.	**Ідзіце прама.** [i'dzitse 'prama.]

Carteles

¡BIENVENIDO!	**САРДЭЧНА ЗАПРАШАЕМ!** [sar'dɛʧna zapra'ʃaem!]
ENTRADA	**УВАХОД** [uva'hɔd]
SALIDA	**ВЫХАД** [vɨhad]
EMPUJAR	**АД СЯБЕ** [at sʲa'be]
TIRAR	**НА СЯБЕ** [na sʲa'be]
ABIERTO	**АДЧЫНЕНА** [at'ʧɨnena]
CERRADO	**ЗАЧЫНЕНА** [za'ʧɨnena]
PARA SEÑORAS	**ДЛЯ ЖАНЧЫН** [dlʲa ʒan'ʧɨn]
PARA CABALLEROS	**ДЛЯ МУЖЧЫН** [dlʲa muʒ'ʧɨn]
CABALLEROS	**МУЖЧЫНСКІ ТУАЛЕТ** [muʒ'ʧɨnski tua'let]
SEÑORAS	**ЖАНОЧЫ ТУАЛЕТ** [ʒa'nɔʧɨ tua'let]
REBAJAS	**ЗНІЖКІ** [zniʒki]
VENTA	**РАСПРОДАЖ** [ras'prɔdaʃ]
GRATIS	**БЯСПЛАТНА** [bʲas'platna]
¡NUEVO!	**НАВІНКА!** [na'vinka!]
ATENCIÓN	**УВАГА!** [u'vaɦa!]
COMPLETO	**МЕСЦАЎ НЯМА** [mesʲʦaw nʲa'ma]
RESERVADO	**ЗАРЭЗЕРВАВАНА** [zarɛzerva'vana]
ADMINISTRACIÓN	**АДМІНІСТРАЦЫЯ** [admini'straʦɨʲa]
SÓLO PERSONAL AUTORIZADO	**ТОЛЬКІ ДЛЯ ПЕРСАНАЛУ** [tɔlʲki dlʲa persa'nalu]

CUIDADO CON EL PERRO	**ЗЛЫ САБАКА** [zlɨ sa'baka]
NO FUMAR	**НЕ КУРЫЦЬ!** [ne ku'rɨʦʲ!]
NO TOCAR	**РУКАМІ НЕ КРАНАЦЬ!** [ru'kami ne kra'naʦʲ!]

PELIGROSO	**НЕБЯСПЕЧНА** [nebʲa'speʧna]
PELIGRO	**НЕБЯСПЕКА** [nebʲa'speka]
ALTA TENSIÓN	**ВЫСОКАЕ НАПРУЖАННЕ** [vɨ'sɔkae nap'ruʒanne]
PROHIBIDO BAÑARSE	**КУПАЦЦА ЗАБАРОНЕНА** [ku'paʦsa zaba'rɔnena]

FUERA DE SERVICIO	**НЕ ПРАЦУЕ** [ne pra'ʦue]
INFLAMABLE	**ВОГНЕНЕБЯСПЕЧНА** [vɔɦnenebʲas'peʧna]
PROHIBIDO	**ЗАБАРОНЕНА** [zaba'rɔnena]
PROHIBIDO EL PASO	**ПРАХОД ЗАБАРОНЕНЫ** [pra'ɦɔd zaba'rɔnenɨ]
RECIÉN PINTADO	**АФАРБАВАНА** [afarba'vana]

CERRADO POR RENOVACIÓN	**ЗАЧЫНЕНА НА РАМОНТ** [za'ʧɨnena na ra'mɔnt]
EN OBRAS	**РАМОНТНЫЯ РАБОТЫ** [ra'mɔntnɨʲa ra'bɔtɨ]
DESVÍO	**АБ'ЕЗД** [a'bˀezt]

Transporte. Frases generales

el avión — **самалёт** [sama'lʲot]

el tren — **цягнік** [ʦʲaɦ'nik]

el bus — **аўтобус** [aw'tɔbus]

el ferry — **паром** [pa'rɔm]

el taxi — **таксі** [tak'si]

el coche — **машына** [ma'ʃɨna]

---

el horario — **расклад руху** [ras'klad 'ruhu]

¿Dónde puedo ver el horario? — **Дзе можна паглядзець расклад руху?** [dze 'mɔʒna paɦlʲa'ʣeʦʲ ras'klad 'ruhu?]

días laborables — **працоўныя дні** [pra'ʦɔwnɨʲa dni]

fines de semana — **выхадныя дні** [vɨhad'nɨʲa dni]

días festivos — **святочныя дні** [svʲa'tɔʧnɨʲa dni]

SALIDA — **АДПРАЎЛЕННЕ** [adpraw'lenne]

LLEGADA — **ПРЫБЫЦЦЁ** [prɨbɨ'ʦʲo]

RETRASADO — **ЗАТРЫМЛІВАЕЦЦА** [za'trɨmlivaeʦa]

CANCELADO — **АДМЕНЕНЫ** [ad'menenɨ]

---

siguiente (tren, etc.) — **наступны** [na'stupnɨ]

primero — **першы** [perʃɨ]

último — **апошні** [a'pɔʃni]

¿Cuándo pasa el siguiente ...?	**Калі будзе наступны ...?** [ka'li 'budze na'stupnɨ ...?]
¿Cuándo pasa el primer ...?	**Калі адыходзіць першы ...?** [ka'li adɨhɔdzitsʲ 'perʃɨ ...?]
¿Cuándo pasa el último ...?	**Калі адыходзіць апошні ...?** [ka'li adɨhɔdzitsʲ a'pɔʃni ...?]

---

el trasbordo (cambio de trenes, etc.)	**перасадка** [pera'satka]
hacer un trasbordo	**зрабіць перасадку** [zra'bitsʲ pera'satku]
¿Tengo que hacer un trasbordo?	**Мне патрэбна рабіць перасадку?** [mne pa'trɛbna ra'bitsʲ pera'satku?]

Comprar billetes

¿Dónde puedo comprar un billete?	**Дзе я магу купіць білеты?** [dze ʲa ma'ɦu ku'pitsʲ bi'letɨ?]
el billete	**білет** [bi'let]
comprar un billete	**купіць білет** [ku'pitsʲ bi'let]
precio del billete	**кошт білета** [kɔʃt bi'leta]
¿Para dónde?	**Куды?** [ku'dɨ?]
¿A qué estación?	**Да якой станцыі?** [da ʲa'kɔj 'stantsɨi?]
Necesito ...	**Мне трэба ...** [mne 'trɛba ...]
un billete	**адзін білет** [a'dzin bi'let]
dos billetes	**два білета** [dva bi'leta]
tres billetes	**тры білета** [trɨ bi'leta]
sólo ida	**у адзін бок** [u a'dzin bɔk]
ida y vuelta	**туды і назад** [tu'dɨ i na'zad]
en primera (primera clase)	**першы клас** [perʃɨ klas]
en segunda (segunda clase)	**другі клас** [dru'ɦi klas]
hoy	**сёння** [sʲonnʲa]
mañana	**заўтра** [zawtra]
pasado mañana	**паслязаўтра** [paslʲa'zawtra]
por la mañana	**раніцай** [ranitsaj]
por la tarde	**удзень** [u'dzenʲ]
por la noche	**увечары** [u'vetʃarɨ]

asiento de pasillo	**месца ля праходу** [mesʲt͡sa lʲa pra'hɔdu]
asiento de ventanilla	**месца ля вакна** [mesʲt͡sa lʲa vak'na]
¿Cuánto cuesta?	**Колькі?** [kɔlʲki?]
¿Puedo pagar con tarjeta?	**Магу я заплаціць карткай?** [ma'ɦu ʲa zapla't͡sit͡sʲ 'kartkaj?]

Autobús

el autobús	**аўтобус** [aw'tɔbus]
el autobús interurbano	**міжгародны аўтобус** [miʒɦa'rɔdnɨ aw'tɔbus]
la parada de autobús	**аўтобусны прыпынак** [aw'tɔbusnɨ prɨ'pɨnak]
¿Dónde está la parada de autobuses más cercana?	**Дзе бліжэйшы аўтобусны прыпынак?** [ʣe bli'ʒɛjʃɨ aw'tɔbusnɨ prɨ'pɨnak?]

número	**нумар** [numar]
¿Qué autobús tengo que tomar para …?	**Які аўтобус ідзе да …?** [ʲaki aw'tɔbus i'ʣe da …?]
¿Este autobús va a …?	**Гэты аўтобус ідзе да …?** [ɦɛtɨ aw'tɔbus i'ʣe da …?]
¿Cada cuanto pasa el autobús?	**Як часта ходзяць аўтобусы?** [ʲak 'ʧasta 'hɔʣʲaʦʲ aw'tɔbusɨ?]

cada 15 minutos	**кожныя пятнаццаць хвілін** [kɔʒnɨʲa pʲat'naʦaʦʲ hvi'lin]
cada media hora	**кожныя паўгадзіны** [kɔʒnɨʲa pawɦa'ʣinɨ]
cada hora	**кожную гадзіну** [kɔʒnuʉ ɦa'ʣinu]
varias veces al día	**некалькі разоў на дзень** [nekalʲki ra'zɔw na ʣenʲ]
… veces al día	**… раз на дзень** [… raz na ʣenʲ]

el horario	**расклад руху** [ras'klad 'ruhu]
¿Dónde puedo ver el horario?	**Дзе можна паглядзець расклад руху?** [ʣe 'mɔʒna paɦlʲa'ʣeʦʲ ras'klad 'ruhu?]
¿Cuándo pasa el siguiente autobús?	**Калі будзе наступны аўтобус?** [ka'li 'buʣe nas'tupnɨ aw'tɔbus?]
¿Cuándo pasa el primer autobús?	**Калі адыходзіць першы аўтобус?** [ka'li adɨ'hɔʣiʦʲ 'perʃɨ aw'tɔbus?]
¿Cuándo pasa el último autobús?	**Калі адыходзіць апошні аўтобус?** [ka'li adɨ'hɔʣiʦʲ a'pɔʃni aw'tɔbus?]

la parada — **прыпынак**
[prɨ'pɨnak]

la siguiente parada — **наступны прыпынак**
[na'stupnɨ prɨ'pɨnak]

la última parada — **канцавы прыпынак**
[kant͡sa'vɨ prɨ'pɨnak]

Pare aquí, por favor. — **Спыніце тут, калі ласка.**
[spɨ'nit͡se tut, ka'li 'laska.]

Perdone, esta es mi parada. — **Дазвольце, гэта мой прыпынак.**
[daz'vɔlʲt͡se, 'ɦɛta mɔj prɨ'pɨnak.]

Tren

el tren
цягнік
[ʦʲaɦ'nik]

el tren de cercanías
прыгарадны цягнік
[prɨɦaradnɨ ʦʲaɦ'nik]

el tren de larga distancia
цягнік дальняга следавання
[ʦʲaɦ'nik 'dalʲnʲaɦa 'sledavannʲa]

la estación de tren
вакзал
[vak'zal]

Perdone, ¿dónde está la salida al anden?
Прабачце, дзе выхад да цягнікоў?
[pra'baʧʦe, ʣe 'vɨhad da ʦʲaɦni'kɔw?]

¿Este tren va a ...?
Гэты цягнік ідзе да ...?
[ɦɛtɨ ʦʲaɦ'nik i'ʣe da ...?]

el siguiente tren
наступны цягнік
[na'stupnɨ ʦʲaɦ'nik]

¿Cuándo pasa el siguiente tren?
Калі будзе наступны цягнік?
[kali 'buʣe na'stupnɨ ʦʲaɦ'nik?]

¿Dónde puedo ver el horario?
Дзе можна паглядзець расклад руху?
[ʣe 'mɔʒna paɦlʲa'ʣeʦʲ ras'klad 'ruhu?]

¿De qué andén?
Ад якой платформы?
[at 'ʲakɔj plat'fɔrmɨ?]

¿Cuándo llega el tren a ...?
Калі цягнік прыбудзе ў ...?
[kali ʦʲaɦ'nik prɨ'buʣe w ...?]

Ayudeme, por favor.
Дапамажыце мне, калі ласка.
[dapama'ʒɨʦe mne, ka'li 'laska.]

Busco mi asiento.
Я шукаю сваё месца.
[ʲa ʃu'kaʉ svaʲo 'mesʲʦa.]

Buscamos nuestros asientos.
Мы шукаем нашыя месцы.
[mɨ ʃu'kaem 'naʃɨʲa 'mesʲʦɨ.]

Mi asiento está ocupado.
Маё месца занята.
[maʲo 'mesʲʦa za'nʲata.]

Nuestros asientos están ocupados.
Нашыя месцы заняты.
[naʃɨʲa 'mesʲʦɨ za'nʲatɨ.]

Perdone, pero ese es mi asiento.
Прабачце, калі ласка, але гэта маё месца.
[pra'baʧʦe, ka'li 'laska, ale 'ɦɛta maʲo 'mesʲʦa.]

¿Está libre?	**Гэта месца свабодна?** [ɦɛta 'mesʲʦa sva'bɔdna?]
¿Puedo sentarme aquí?	**Магу я тут сесці?** [ma'ɦu ʲa tut 'sesʲʦi?]

En el tren. Diálogo (Sin billete)

Su billete, por favor.
Ваш білет, калі ласка.
[vaʃ bi'let, ka'li 'laska.]

No tengo billete.
У мяне няма білета.
[u mʲa'ne nʲa'ma bi'leta.]

He perdido mi billete.
Я згубіў /згубіла/ свой білет.
[ʲa zɦu'biw /zɦu'bila/ svɔj bi'let.]

He olvidado mi billete en casa.
Я забыўся /забылася/ білет дома.
[ʲa za'bɨwsʲa /za'bɨlasʲa/ bi'let 'dɔma.]

Le puedo vender un billete.
Вы можаце купіць білет у мяне.
[vɨ 'mɔʒatse ku'pitsʲ bi'let u mʲa'ne.]

También deberá pagar una multa.
Вам яшчэ давядзецца заплаціць штраф.
[vam ʲaɕɛ davʲa'dzɛtsa zapla'tsitsʲ 'ʃtraf.]

Vale.
Добра.
[dɔbra.]

¿A dónde va usted?
Куды вы едзеце?
[ku'dɨ vɨ 'edzetse?]

Voy a …
Я еду да …
[ʲa 'edu da …]

¿Cuánto es? No lo entiendo.
Колькі? Я не разумею.
[kɔlʲki? ʲa ne razu'meʉ.]

Escríbalo, por favor.
Напішыце, калі ласка.
[napi'ʃɨtse, ka'li 'laska.]

Vale. ¿Puedo pagar con tarjeta?
Добра. Магу я заплаціць карткай?
[dɔbra. ma'ɦu ʲa zaplatsitsʲ 'kartkaj?]

Sí, puede.
Так, можаце.
[tak, 'mɔʒatse.]

Aquí está su recibo.
Вось ваш квіток.
[vɔsʲ vaʃ kvi'tɔk.]

Disculpe por la multa.
Спачуваю наконт штрафу.
[spatʃu'vaʉ na'kɔnt 'ʃtrafu.]

No pasa nada. Fue culpa mía.
Гэта нічога. Гэта мая віна.
[ɦɛta ni'tʃɔɦa 'ɦɛta maʲa 'vina.]

Disfrute su viaje.
Прыемнай вам паездкі!
[prɨ'emnaj vam pa'eztki.]

Taxi

taxi	**таксі** [tak'si]
taxista	**таксіст** [tak'sist]
coger un taxi	**злавіць таксі** [zla'vits^j tak'si]
parada de taxis	**стаянка таксі** [sta'^janka tak'si]
¿Dónde puedo coger un taxi?	**Дзе я магу ўзяць таксі?** [dze ^ja ma'ɦu wz^jats^j tak'si?]
llamar a un taxi	**выклікаць таксі** [vɨklikats^j tak'si]
Necesito un taxi.	**Мне патрэбна таксі.** [mne pa'trɛbna tak'si.]
Ahora mismo.	**Дакладна зараз.** [da'kladna 'zaraz.]
¿Cuál es su dirección?	**Ваш адрас?** [vaʃ 'adras?]
Mi dirección es …	**Мой адрас …** [mɔj 'adras …]
¿Cuál es el destino?	**Куды вы паедзеце?** [ku'dɨ vɨ pa'edzetse?]
Perdone, …	**Прабачце, …** [pra'batʃtse, …]
¿Está libre?	**Вы свабодныя?** [vɨ sva'bɔdnɨ^ja?]
¿Cuánto cuesta ir a …?	**Колькі каштуе даехаць да …?** [kɔl^jki kaʃ'tue da'ehats^j da …?]
¿Sabe usted dónde está?	**Вы ведаеце, дзе гэта?** [vɨ 'vedaetse, dze 'ɦɛta?]
Al aeropuerto, por favor.	**У аэрапорт, калі ласка.** [u aɛra'pɔrt, ka'li 'laska.]
Pare aquí, por favor.	**Спыніце тут, калі ласка.** [spɨ'nitse tut, ka'li 'laska.]
No es aquí.	**Гэта ня тут.** [ɦɛta n^ja tut.]
La dirección no es correcta.	**Гэта няправільны адрас.** [ɦɛta n^ja'pravil^jnɨ 'adras.]
Gire a la izquierda.	**Зараз налева.** [zaraz na'leva.]
Gire a la derecha.	**Зараз направа.** [zaraz na'prava.]

¿Cuánto le debo?	**Колькі я вам павінен /павінна/ заплаціць?** [kɔlʲki ʲa vam pa'vinen /pa'vinna/ zapla'ʦitsʲ?]
¿Me da un recibo, por favor?	**Дайце мне квіток, калі ласка.** [dajʦe mne kvi'tɔk, ka'li 'laska.]
Quédese con el cambio.	**Рэшты ня трэба.** [rɛʃtɨ nʲa 'trɛba.]

Espéreme, por favor.	**Пачакайце мяне, калі ласка.** [paʧa'kajʦe mʲa'ne, ka'li 'laska.]
cinco minutos	**пяць хвілін** [pʲaʦʲ hvi'lin]
diez minutos	**дзесяць хвілін** [ʣesʲaʦʲ hvi'lin]
quince minutos	**пятнаццаць хвілін** [pʲat'naʦaʦʲ hvi'lin]
veinte minutos	**дваццаць хвілін** [dvaʦaʦʲ hvi'lin]
media hora	**паўгадзіны** [pawɦa'ʣinɨ]

Hotel

Hola.	**Прывітанне.** [prɨvi'tanne.]
Me llamo …	**Мяне завуць …** [mʲa'ne za'vuʦʲ …]
Tengo una reserva.	**Я зарэзерваваў /зарэзервавала/ нумар.** [ʲa zarɛzerva'vaw /zarɛzerva'vala/ 'numar.]
Necesito …	**Мне патрэбны …** [mne pa'trɛbnɨ …]
una habitación individual	**аднамесны нумар** [adna'mesnɨ 'numar]
una habitación doble	**двухмесны нумар** [dvuh'mesnɨ 'numar]
¿Cuánto cuesta?	**Колькі ён каштуе?** [kɔlʲki ʲon kaʃ'tue?]
Es un poco caro.	**Гэта крыху дорага.** [ɦɛta 'krɨhu 'dɔraɦa.]
¿Tiene alguna más?	**У вас ёсць яшчэ што-небудзь?** [u vas ʲosʦʲ ʲa'ɕɛ ʃtɔ 'nebuʦʲ?]
Me quedo.	**Я вазьму.** [ʲa vazj'mu.]
Pagaré en efectivo.	**Я заплачу наяўнымі.** [ʲa zapla'ʧu na'ʲawnɨmi.]
Tengo un problema.	**У мяне ёсць праблема** [u mʲa'ne ʲosʦʲ prab'lema.]
Mi … está fuera de servicio.	**У мяне не працуе …** [u mʲa'ne ne pra'ʦue …]
televisión	**тэлевізар** [tele'vizar]
aire acondicionado	**кандыцыянер** [kandɨʦɨʲa'ner]
grifo	**кран** [kran]
ducha	**душ** [duʃ]
lavabo	**ракавіна** [rakavina]
caja fuerte	**сейф** [sejf]

cerradura	**замок** [za'mɔk]
enchufe	**разетка** [ra'zetka]
secador de pelo	**фен** [fen]

No tengo ...	**У мяне няма ...** [u mʲa'ne nʲa'ma ...]
agua	**вады** [va'dɨ]
luz	**святла** [svʲat'la]
electricidad	**электрычнасці** [ɛlekt'rɨʧnasʲʦi]

¿Me puede dar ...?	**Можаце мне даць ...?** [mɔʒaʦe mne daʦʲ ...?]
una toalla	**рушнік** [ruʃ'nik]
una sábana	**коўдру** [kɔwdru]
unas chanclas	**тапачкі** [tapaʧki]
un albornoz	**халат** [ha'lat]
un champú	**шампунь** [ʃam'punʲ]
jabón	**мыла** [mɨla]

Quisiera cambiar de habitación.	**Я б хацеў /хацела б/ памяняць нумар.** [ʲa b ha'ʦew /ha'ʦela/ pamʲa'nʲaʦʲ 'numar.]
No puedo encontrar mi llave.	**Я не магу знайсці свой ключ.** [ʲa ne ma'ɦu znajs'ʦi svɔj klʉʧ.]
Por favor abra mi habitación.	**Адчыніце мой нумар, калі ласка.** [atʧɨ'niʦe mɔj 'numar, ka'li 'laska.]
¿Quién es?	**Хто там?** [htɔ tam?]
¡Entre!	**Увайдзіце!** [uvaj'ʣiʦe!]
¡Un momento!	**Адну хвіліну!** [ad'nu hvi'linu!]
Ahora no, por favor.	**Калі ласка, ня зараз.** [ka'li 'laska, nʲa 'zaraz.]

Venga a mi habitación, por favor.	**Зайдзіце да мяне, калі ласка.** [zaj'ʣiʦe da mʲa'ne, ka'li 'laska.]
Quisiera hacer un pedido.	**Я хачу замовіць ежу ў нумар.** [ʲa ha'ʧu za'mɔwiʦʲ 'eʒu w 'numar.]

Mi número de habitación es ...	**Нумар майго пакоя ...** [numar maj'ɦɔ pa'kɔʲa ...]
Me voy ...	**Я з'язджаю ...** [ʲa zˀʲaz'dʒaʉ ...]
Nos vamos ...	**Мы з'язджаем ...** [mɨ zˀʲaz'dʒaem ...]
Ahora mismo	**зараз** [zaraz]
esta tarde	**сёння пасля абеду** [sʲonnʲa pas'lʲa a'bedu]
esta noche	**сёння ўвечары** [sʲonnʲa u'wetʃarɨ]
mañana	**заўтра** [zawtra]
mañana por la mañana	**заўтра ўранку** [zawtra u'ranku]
mañana por la noche	**заўтра ўвечары** [zawtra u'wetʃarɨ]
pasado mañana	**паслязаўтра** [paslʲa'zawtra]

Quisiera pagar la cuenta.	**Я б хацеў /хацела б/ разлічыцца.** [ʲa b ha'tsew /ha'tsela/ razli'tʃɨtsa.]
Todo ha estado estupendo.	**Усё было выдатна.** [wsʲo bɨ'lɔ vɨ'datna.]
¿Dónde puedo coger un taxi?	**Дзе я магу ўзяць таксі?** [dze ʲa ma'ɦu wzʲatsʲ tak'si?]
¿Puede llamarme un taxi, por favor?	**Выклікайце мне таксі, калі ласка.** [vɨklikajtse mne taksi, ka'li 'laska.]

Restaurante

¿Puedo ver el menú, por favor?
Магу я паглядзець ваша меню?
[ma'ɦu ʲa paɦlʲa'ʣeʦʲ 'vaʃa me'nʉ?]

Mesa para uno.
Столік для аднаго.
[stɔlik dlʲa adna'ɦɔ.]

Somos dos (tres, cuatro).
Нас два (тры, чатыры) чалавекі.
[nas dva (trɨ, ʧa'tɨrɨ) ʧala'veki.]

Para fumadores
Для тых, хто паліць.
[dlʲa tɨh, htɔ 'paliʦʲ]

Para no fumadores
Для тых, хто ня паліць.
[dlʲa tɨh, htɔ nʲa 'paliʦʲ]

¡Por favor! (llamar al camarero)
Будзьце ласкавы!
[butʲʦe las'kavɨ!]

la carta
меню
[me'nʉ]

la carta de vinos
карта він
[karta vin]

La carta, por favor.
Меню, калі ласка.
[me'nʉ, ka'li 'laska.]

¿Está listo para pedir?
Вы гатовы зрабіць замову?
[vɨ ɦa'tɔvɨ zra'biʦʲ za'mɔvu?]

¿Qué quieren pedir?
Што вы будзеце замаўляць?
[ʃtɔ vɨ 'buʣeʦe zamaw'lʲaʦʲ?]

Yo quiero …
Я буду …
[ʲa 'budu …]

Soy vegetariano.
Я вегетарыянец /вегетарыянка/.
[ʲa veɦetarɨ'ʲaneʦ /veɦetarɨ'ʲanka/.]

carne
мяса
[mʲasa]

pescado
рыба
[rɨba]

verduras
гароднiна
[ɦa'rɔdnina]

¿Tiene platos para vegetarianos?
У вас ёсць вегетарыянскія стравы?
[u vas ʲɔsʦʲ veɦetarɨ'ʲanskiʲa 'stravɨ?]

No como cerdo.
Я ня ем свініну.
[ʲa nʲa em svi'ninu.]

Él /Ella/ no come carne.
Ён /яна/ не есць мяса.
[ʲɔn /ʲa'na/ ne esʦʲ 'mʲasa.]

Soy alérgico a …
У мяне алергія на …
[u mʲa'ne aler'ɦiʲa na …]

¿Me puede traer ..., por favor?	**Прынясіце мне, калі ласка ...** [prɨnʲa'sitse mne, ka'li 'laska ...]
sal | pimienta | azúcar	**соль | перац | цукар** [sɔlʲ | 'perats | 'tsukar]
café | té | postre	**каву | гарбату | дэсерт** [kavu | ɦar'batu | dɛ'sert]
agua | con gas | sin gas	**вада | з газам | бяз газу** [va'da | z 'ɦazam | bʲaz 'ɦazu]
una cuchara | un tenedor | un cuchillo	**лыжка | відэлец | нож** [lɨʒka | vi'dɛlets | nɔʒ]
un plato | una servilleta	**талерка | сурвэтка** [ta'lerka | sur'vɛtka]

¡Buen provecho!	**Прыемнага апетыту!** [pri'emnaɦa ape'tɨtu!]
Uno más, por favor.	**Прынясіце яшчэ, калі ласка.** [prɨnʲa'sitse ʲa'ɕɛ, ka'li 'laska.]
Estaba delicioso.	**Было вельмі смачна.** [bɨ'lɔ 'velʲmi 'smatʃna.]

---

la cuenta | el cambio | la propina	**рахунак | рэшта | на гарбату** [ra'hunak | 'rɛʃta | na ɦar'batu]
La cuenta, por favor.	**Рахунак, калі ласка.** [ra'hunak, ka'li 'laska.]
¿Puedo pagar con tarjeta?	**Магу я заплаціць карткай?** [ma'ɦu ʲa zapla'tsitsʲ 'kartkaj?]
Perdone, aquí hay un error.	**Прабачце, тут памылка.** [pra'batʃtse, tut pa'mɨlka.]

De Compras

¿Puedo ayudarle?	**Магу я вам дапамагчы?** [ma'ɦu ʲa vam dapamaɦ'ʧi?]
¿Tiene ...?	**У вас ёсць ...?** [u vas ʲostsʲ ...?]
Busco ...	**Я шукаю ...** [ʲa ʃu'kaʉ ...]
Necesito ...	**Мне патрэбны ...** [mne pa'trɛbnɨ ...]
Sólo estoy mirando.	**Я проста гляджу.** [ʲa 'prɔsta ɦlʲa'ʤu.]
Sólo estamos mirando.	**Мы проста глядзім.** [mɨ 'prɔsta ɦlʲa'ʣim.]
Volveré más tarde.	**Я зайду пазней.** [ʲa zaj'du paz'nej.]
Volveremos más tarde.	**Мы зойдзем пазней.** [mɨ 'zɔjʣem paz'nej.]
descuentos | oferta	**зніжкі | распродаж** [zniʒki | ras'prɔdaʒ]
Por favor, enséñeme ...	**Пакажыце мне, калі ласка ...** [paka'ʒɨʦe mne, ka'li 'laska ...]
¿Me puede dar ..., por favor?	**Дайце мне, калі ласка ...** [dajʦe mne, ka'li 'laska ...]
¿Puedo probarmelo?	**Магу я гэта прымерыць?** [ma'ɦu ʲa 'ɦɛta prɨ'merɨʦʲ?]
Perdone, ¿dónde están los probadores?	**Прабачце, дзе прымерачная кабіна?** [pra'baʧʦe, ʣe prɨ'meraʧnaʲa ka'bina?]
¿Qué color le gustaría?	**Які колер вы жадаеце?** [ʲaki 'kɔler vɨ ʒa'daeʦe?]
la talla | el largo	**памер | рост** [pa'mer | rɔst]
¿Cómo le queda? (¿Está bien?)	**Падыйшло?** [padij'ʃlɔ?]
¿Cuánto cuesta esto?	**Колькі гэта каштуе?** [kɔlʲki 'ɦɛta kaʃ'tue?]
Es muy caro.	**Гэта занадта дорага.** [ɦɛta za'natta 'dɔraɦa.]
Me lo llevo.	**Я вазьму гэта.** [ʲa vazj'mu 'ɦɛta.]
Perdone, ¿dónde está la caja?	**Прабачце, дзе каса?** [pra'baʧʦe, ʣe 'kasa?]

¿Pagará en efectivo o con tarjeta?	**Як вы будзеце разлічвацца? Наяўнымі ці крэдытнай карткай?** [ʲak vɨ 'budzetse raz'litʃvatsa na'ʲawnɨmi tsi krɛ'dɨtnaj 'kartkaj?]
en efectivo | con tarjeta	**наяўнымі | карткай** [na'ʲawnɨmi | 'kartkaj]

¿Quiere el recibo?	**Вам патрэбен квіток?** [vam pa'trɛben kvi'tɔk?]
Sí, por favor.	**Так, будзьце ласкавы.** [tak, 'butʲtse las'kavɨ.]
No, gracias.	**Не. Не патрэбен. Дзякуй.** [ne, ne pa'trɛben. 'dzʲakuj.]
Gracias. ¡Que tenga un buen día!	**Дзякуй. Усяго добрага!** [dzʲakuj. usʲa'ɦɔ 'dɔbraɦa!]

En la ciudad

Perdone, por favor. — **Прабачце, калі ласка …**
[pra'baʧʦe, ka'li 'laska …]

Busco … — **Я шукаю …**
[ʲa ʃu'kaʉ …]

el metro — **метро**
[me'trɔ]

mi hotel — **сваю гасцініцу**
[sva'ʉ ɦas'ʦiniʦu]

---

el cine — **кінатэатр**
[kinatɛ'atr]

una parada de taxis — **стаянку таксі**
[sta'ʲanku tak'si]

un cajero automático — **банкамат**
[banka'mat]

una oficina de cambio — **пункт абмену валют**
[punkt ab'menu va'lʉt]

---

un cibercafé — **інтэрнэт-кафэ**
[intɛr'nɛt ka'fɛ]

la calle … — **вуліцу …**
[vuliʦu …]

este lugar — **вось гэтае месца**
[vɔsʲ 'ɦɛtae 'mesʲʦa]

¿Sabe usted dónde está …? — **Вы ня ведаеце, дзе знаходзіцца …?**
[vɨ nʲa 'vedaeʦe, ʣe zna'hɔʣiʦa …?]

¿Cómo se llama esta calle? — **Як называецца гэтая вуліца?**
[ʲak nazɨ'vaeʦa 'ɦɛtaʲa 'vuliʦa?]

Muestreme dónde estamos ahora. — **Пакажыце, дзе мы зараз.**
[paka'ʒɨʦe, ʣe mɨ 'zaraz.]

¿Puedo llegar a pie? — **Я дайду туды пешшу?**
[ʲa daj'du tu'dɨ 'peʃu?]

¿Tiene un mapa de la ciudad? — **У вас ёсць карта горада?**
[u vas ʲɔsʦʲ 'karta 'ɦɔrada?]

¿Cuánto cuesta la entrada? — **Колькі каштуе ўваходны білет?**
[kɔlʲki kaʃ'tue wva'hɔdnɨ bi'let?]

¿Se pueden hacer fotos aquí? — **Тут дазволена фатаграфаваць?**
[tut daz'vɔlena fataɦrafa'vaʦʲ?]

¿Está abierto? — **Вы адчынены?**
[vɨ at'ʧinenɨ?]

¿A qué hora abren?	**А якой гадзіне вы адчыняецеся?** [a ˈjakɔj ɦaˈdzine vɨ atʧɨˈnʲaetsesʲa?]
¿A qué hora cierran?	**Да якой гадзіны вы працуеце?** [da ʲaˈkɔj ɦaˈdzinɨ vɨ praˈtsuetse?]

Dinero

dinero	**грошы** [ɦrɔʃɨ]
efectivo	**наяўныя грошы** [naˈʲawnɨʲa ˈɦrɔʃɨ]
billetes	**папяровыя грошы** [papʲaˈrɔvɨʲa ˈɦrɔʃɨ]
monedas	**дробязь** [drɔbʲazʲ]
la cuenta | el cambio | la propina	**рахунак | рэшта | на гарбату** [raˈhunak | ˈrɛʃta | na ɦarˈbatu]
la tarjeta de crédito	**крэдытная картка** [krɛˈdɨtnaʲa ˈkartka]
la cartera	**кашалёк** [kaʃaˈlʲok]
comprar	**купляць** [kupˈlʲat͡sʲ]
pagar	**плаціць** [plaˈt͡sit͡sʲ]
la multa	**штраф** [ʃtraf]
gratis	**бясплатна** [bʲasˈplatna]
¿Dónde puedo comprar …?	**Дзе я магу купіць …?** [d͡ze ʲa maˈɦu kuˈpit͡sʲ …?]
¿Está el banco abierto ahora?	**Банк зараз адчынены?** [bank ˈzaraz atˈt͡ʃɨnenɨ?]
¿A qué hora abre?	**А якой гадзіне ён адчыняецца?** [a ˈʲakɔj ɦaˈd͡zine ʲon att͡ʃɨˈnʲaet͡sa?]
¿A qué hora cierra?	**Да якой гадзіны ён працуе?** [da ʲaˈkɔj ɦaˈd͡zinɨ ʲon praˈt͡sue?]
¿Cuánto cuesta?	**Колькі?** [kɔlʲki?]
¿Cuánto cuesta esto?	**Колькі гэта каштуе?** [kɔlʲki ˈɦɛta kaʃˈtue?]
Es muy caro.	**Гэта занадта дорага.** [ɦɛta zaˈnatta ˈdɔraɦa.]
Perdone, ¿dónde está la caja?	**Прабачце, дзе каса?** [praˈbat͡ʃt͡se, d͡ze ˈkasa?]
La cuenta, por favor.	**Рахунак, калі ласка.** [raˈhunak, kaˈli ˈlaska.]

¿Puedo pagar con tarjeta?	**Магу я заплаціць карткай?** [ma'ɦu ʲa zapla'tsitsʲ 'kartkaj?]
¿Hay un cajero por aquí?	**Тут ёсць банкамат?** [tut ʲostsʲ banka'mat?]
Busco un cajero automático.	**Мне патрэбен банкамат.** [mne pa'trɛben banka'mat.]

Busco una oficina de cambio.	**Я шукаю пункт абмену валют.** [ʲa ʃu'kaju punkt ab'menu va'lʉt.]
Quisiera cambiar …	**Я б хацеў /хацела/ памяняць …** [ʲa b ha'tsew /ha'tsela/ pamʲa'nʲatsʲ …]
¿Cuál es el tipo de cambio?	**Які курс абмену?** [ʲaki kurs ab'menu?]
¿Necesita mi pasaporte?	**Вам патрэбен мой пашпарт?** [vam pa'trɛben mɔj 'paʃpart?]

Tiempo

¿Qué hora es?	**Колькі часу?** [kɔlʲki 'ʧasu?]
¿Cuándo?	**Калі?** [ka'li?]
¿A qué hora?	**У колькі?** [u 'kɔlʲki?]
ahora | luego | después de ...	**зараз | пазней | пасля ...** [zaraz | paz'nej | pas'lʲa ...]
la una	**гадзіна папоўдні** [ɦa'ʣina pa'pɔwdni]
la una y cuarto	**гадзіна пятнаццаць** [ɦa'ʣina pʲat'naʦaʦʲ]
la una y medio	**гадзіна трыццаць** [ɦa'ʣina 'trɨʦaʦʲ]
las dos menos cuarto	**без пятнаццаці два** [bez pʲat'naʦaʦi dva]
una | dos | tres	**адзін | два | тры** [a'din | dva | trɨ]
cuatro | cinco | seis	**чатыры | пяць | шэсць** [ʧa'tɨrɨ | pʲaʦ | ʃɛsʦʲ]
siete | ocho | nueve	**сем | восем | дзевяць** [sem | 'vɔsem | 'ʣevʲaʦʲ]
diez | once | doce	**дзесяць | адзінаццаць | дванаццаць** [ʣesʲaʦ | a'ʣinaʦaʦ | dva'naʦaʦʲ]
en ...	**праз ...** [praz ...]
cinco minutos	**пяць хвілін** [pʲaʦʲ hvi'lin]
diez minutos	**дзесяць хвілін** [ʣesʲaʦʲ hvi'lin]
quince minutos	**пятнаццаць хвілін** [pʲat'naʦaʦʲ hvi'lin]
veinte minutos	**дваццаць хвілін** [dvaʦaʦʲ hvi'lin]
media hora	**паўгадзіны** [pawɦa'ʣinɨ]
una hora	**адну гадзіну** [ad'nu ɦa'ʣinu]
por la mañana	**раніцай, ураннi** [raniʦaj, u'ranni]

Español	Bielorruso
por la mañana temprano	**рана ўранні** [rana u'ranni]
esta mañana	**сёння удзень** [sʲonnʲa u'ʤenʲ]
mañana por la mañana	**заўтра раніцай** [zawtra 'ranitsaj]
al mediodía	**у абед** [u a'bet]
por la tarde	**пасля абеду** [pas'lʲa a'bedu]
por la noche	**увечары** [u'vetʃarɨ]
esta noche	**сёння увечары** [sʲonnʲa u'vetʃarɨ]
por la noche	**ноччу** [nɔtʃu]
ayer	**учора** [u'tʃɔra]
hoy	**сёння** [sʲonnʲa]
mañana	**заўтра** [zawtra]
pasado mañana	**паслязаўтра** [paslʲa'zawtra]
¿Qué día es hoy?	**Які сёння дзень?** [ʲaki 'sʲonnʲa ʤenʲ?]
Es …	**Сёння …** [sʲonnʲa …]
lunes	**панядзелак** [panʲa'ʤelak]
martes	**аўторак** [aw'tɔrak]
miércoles	**серада** [sera'da]
jueves	**чацвер** [tʃats'ver]
viernes	**пятніца** [pʲatnitsa]
sábado	**субота** [su'bɔta]
domingo	**нядзеля** [nʲa'ʤelʲa]

Saludos. Presentaciones.

Hola.	**Прывітанне.** [privi'tanne.]
Encantado /Encantada/ de conocerle.	**Рады /рада/ з вамі пазнаёміцца.** [radi /'rada/ z 'vami pazna'omitsa.]
Yo también.	**Я таксама.** ['a tak'sama.]
Le presento a …	**Знаёмцеся. Гэта …** [zna'omtses'a. 'ɦɛta …]
Encantado.	**Вельмі прыемна.** [vel'mi pri'emna.]

¿Cómo está?	**Як вашы справы?** ['ak 'vaʃi 'spravi?]
Me llamo …	**Мяне завуць …** [m'a'ne za'vuts' …]
Se llama …	**Яго завуць …** ['aɦɔ za'vuts' …]
Se llama …	**Яе завуць …** ['ae za'vuts' …]
¿Cómo se llama (usted)?	**Як вас завуць?** ['ak vas za'vuts'?]
¿Cómo se llama (él)?	**Як яго завуць?** ['ak 'a'ɦɔ za'vuts'?]
¿Cómo se llama (ella)?	**Як яе завуць?** ['ak 'ae za'vuts'?]

¿Cuál es su apellido?	**Як ваша прозвішча?** ['ak 'vaʃa 'prɔzviɕa?]
Puede llamarme …	**Завіце мяне …** [za'vitse m'a'ne …]
¿De dónde es usted?	**Адкуль вы?** [at'kul' vi]
Yo soy de ….	**Я з …** ['a z …]
¿A qué se dedica?	**Кім вы працуеце?** [kim vi pra'tsuetse?]
¿Quién es?	**Хто гэта?** [htɔ 'ɦɛta?]
¿Quién es él?	**Хто ён?** [htɔ 'on?]
¿Quién es ella?	**Хто яна?** [htɔ 'a'na?]
¿Quiénes son?	**Хто яны?** [htɔ 'a'ni?]

Este es ...	**Гэта ...** [ɦɛta ...]
mi amigo	**мой сябар** [mɔj 'sʲabar]
mi amiga	**мая сяброўка** [ma'ʲa sʲab'rɔwka]
mi marido	**мой муж** [mɔj muʒ]
mi mujer	**мая жонка** [ma'ʲa 'ʒɔnka]

mi padre	**мой бацька** [mɔj 'bat͡sʲka]
mi madre	**мая маці** [ma'ʲa 'mat͡si]
mi hermano	**мой брат** [mɔj brat]
mi hermana	**мая сястра** [ma'ʲa sʲas'tra]
mi hijo	**мой сын** [mɔj sɨn]
mi hija	**мая дачка** [ma'ʲa dat͡ʃka]

Este es nuestro hijo.	**Гэта наш сын.** [ɦɛta naʃ sɨn.]
Esta es nuestra hija.	**Гэта наша дачка.** [ɦɛta 'naʃa dat͡ʃ'ka.]
Estos son mis hijos.	**Гэта мае дзеці.** [ɦɛta mae 'd͡zet͡si.]
Estos son nuestros hijos.	**Гэта нашы дзеці.** [ɦɛta naʃɨ 'd͡zet͡si.]

Despedidas

¡Adiós!	**Да пабачэння!** [da paba'ʧɛnnʲa!]
¡Chau!	**Бывай!** [bɨ'vaj!]
Hasta mañana.	**Да заўтра.** [da 'zawtra.]
Hasta pronto.	**Да сустрэчы.** [da sus'trɛʧɨ.]
Te veo a las siete.	**Сустрэнемся ў сем.** [sus'trɛnemsʲa w sem.]
¡Que se diviertan!	**Баўцеся!** [bawʦesʲa!]
Hablamos más tarde.	**Пагаворым пазней.** [paɦa'vɔrɨm paz'nej.]
Que tengas un buen fin de semana.	**Удалых выхадных.** [u'dalɨh vɨhad'nɨh.]
Buenas noches.	**Дабранач.** [da'branaʧ.]
Es hora de irme.	**Мне трэба ісці.** [mne 'trɛba is'ʦi.]
Tengo que irme.	**Мне трэба ісці.** [mne 'trɛba is'ʦi.]
Ahora vuelvo.	**Я зараз вярнуся.** [ʲa 'zaraz vʲar'nusʲa.]
Es tarde.	**Ужо позна.** [uʒɔ 'pɔzna.]
Tengo que levantarme temprano.	**Мне рана ўставаць.** [mne 'rana wsta'vaʦʲ.]
Me voy mañana.	**Я заўтра з'язджаю.** [ʲa 'zawtra zʔʲaz'ʤaʉ.]
Nos vamos mañana.	**Мы заўтра з'язджаем.** [mɨ 'zawtra zʔʲaz'ʤaem.]
¡Que tenga un buen viaje!	**Шчаслівай паездкі!** [ɕas'livaj pa'eztki!]
Ha sido un placer.	**Было прыемна з вамі пазнаёміцца.** [bɨ'lɔ prɨ'emna z 'vami pazna'ʲomiʦa.]
Fue un placer hablar con usted.	**Было прыемна з вамі пагутарыць.** [bɨ'lɔ prɨ'emna z 'vami pa'ɦutarɨʦʲ.]
Gracias por todo.	**Дзякуй за ўсё.** [ʣʲakuj za 'wsʲo.]

Lo he pasado muy bien.	**Я цудоўна збавіў /збавіла/ час!** [ʲa t͡su'dɔwna 'zbawiw /'zbawila/ t͡ʃas.]
Lo pasamos muy bien.	**Мы цудоўна збавілі час!** [mɨ t͡su'dɔwna 'zbawili t͡ʃas.]
Fue genial.	**Усё было выдатна.** [wsʲo bɨ'lɔ vɨ'datna.]
Le voy a echar de menos.	**Я буду сумаваць.** [ʲa 'budu suma'vat͡sʲ.]
Le vamos a echar de menos.	**Мы будзем сумаваць.** [mɨ 'bud͡zem suma'vat͡sʲ.]

¡Suerte!	**Удачы! Шчасліва!** [u'dat͡ʃɨ! ɕas'liva!]
Saludos a …	**Перадавайце прывітанне ...** [perada'vajt͡se prɨvi'tanne …]

Idioma extranjero

No entiendo.	**Я не разумею.** [ʲa ne razu'meu.]
Escríbalo, por favor.	**Напішыце гэта, калі ласка.** [napi'ʃɨtse 'ɦɛta, ka'li 'laska.]
¿Habla usted ...?	**Вы валодаеце ...?** [vɨ va'lɔdaetse ...?]
Hablo un poco de ...	**Я крыху валодаю ... мовай** [ʲa 'krɨhu va'lɔdau ... 'mɔvaj]
inglés	**англійскай** [anɦ'lijskaj]
turco	**турэцкай** [tu'rɛtskaj]
árabe	**арабскай** [a'rabskaj]
francés	**французкай** [fran'tsuskaj]
alemán	**нямецкай** [nʲa'metskaj]
italiano	**італьянскай** [ita'lʲanskaj]
español	**іспанскай** [is'panskaj]
portugués	**партугальскай** [partu'ɦalʲskaj]
chino	**кітайскай** [ki'tajskaj]
japonés	**японскай** [ʲa'pɔnskaj]
¿Puede repetirlo, por favor?	**Паўтарыце, калі ласка.** [pawta'rɨtse, ka'li 'laska.]
Lo entiendo.	**Я разумею.** [ʲa razu'meu.]
No entiendo.	**Я не разумею.** [ʲa ne razu'meu.]
Hable más despacio, por favor.	**Гаварыце павольней, калі ласка.** [ɦava'rɨtse pa'vɔlʲnej, ka'li 'laska.]
¿Está bien?	**Гэта правільна?** [ɦɛta 'pravilʲna?]
¿Qué es esto? (¿Que significa esto?)	**Что гэта?** [ʧtɔ 'ɦɛta?]

Disculpas

Perdone, por favor.	**Выбачайце, калі ласка.** [vɨba'ʧajʦe, ka'li 'laska.]
Lo siento.	**Мне шкада.** [mne 'ʃkada.]
Lo siento mucho.	**Мне вельмі шкада.** [mne 'velʲmi 'ʃkada.]
Perdón, fue culpa mía.	**Я вінаваты /вінавата/, гэта мая віна.** [ʲa vina'vatɨ /vina'vata/, 'ɦɛta maʲa 'vina.]
Culpa mía.	**Мая памылка.** [ma'ʲa pa'mɨlka.]

¿Puedo ...?	**Магу я...?** [ma'ɦu ʲa ...?]
¿Le molesta si ...?	**Вы не будзеце пярэчыць, калі я ...?** [vɨ ne 'buʣeʦe pʲa'rɛʧɨʦʲ, ka'li ʲa ...?]
¡No hay problema! (No pasa nada.)	**Нічога страшнага.** [ni'ʧɔɦa 'straʃnaɦa.]
Todo está bien.	**Ўсё ў парадку.** [wsʲo w pa'ratku.]
No se preocupe.	**Не хвалюйцеся.** [ne hva'lʉjʦesʲa.]

Acuerdos

Sí.	**Так.** [tak.]
Sí, claro.	**Так, канечне.** [tak, ka'neʧne.]
Bien.	**Добра!** [dɔbra!]
Muy bien.	**Вельмі добра.** [velʲmi 'dɔbra.]
¡Claro que sí!	**Канечне!** [ka'neʧne!]
Estoy de acuerdo.	**Я згодны /згодна/.** [ʲa 'zɦɔdnɨ /'zɦɔdna/.]
Es verdad.	**Дакладна.** [da'kladna.]
Es correcto.	**Правільна.** [pravilʲna.]
Tiene razón.	**Вы маеце рацыю.** [vɨ 'maet͡se 'rat͡sɨu.]
No me molesta.	**Я ня супраць.** [ʲa nʲa 'suprat͡sʲ.]
Es completamente cierto.	**Зусім дакладна.** [zu'sim da'kladna.]
Es posible.	**Гэта магчыма.** [ɦɛta maɦ'ʧɨma.]
Es una buena idea.	**Гэта добрая думка.** [ɦɛta 'dɔbraʲa 'dumka.]
No puedo decir que no.	**Не магу адмовіць.** [ne ma'ɦu ad'mɔvit͡sʲ.]
Estaré encantado /encantada/.	**Буду рады /рада/.** [budu 'radɨ /'rada/.]
Será un placer.	**З задавальненнем.** [z zadavalj'nennem.]

Rechazo. Expresar duda

No.	**Не.** [ne.]
Claro que no.	**Канечне не.** [ka'netʃne ne.]
No estoy de acuerdo.	**Я не згодны /згодна/.** [ʲa ne 'zɦɔdnɨ /'zɦɔdna/.]
No lo creo.	**Я так не лічу.** [ʲa tak ne li'tʃu.]
No es verdad.	**Гэта няпраўда.** [ɦɛta nʲa'prawda.]
No tiene razón.	**Вы памыляецеся.** [vɨ pamɨ'lʲaetsesʲa.]
Creo que no tiene razón.	**Я думаю, што вы памыляецеся.** [ʲa 'dumaʉ, ʃtɔ vɨ pamɨ'lʲaetsesʲa.]
No estoy seguro /segura/.	**Не ўпэўнены /ўпэўнена/.** [ne u'pɛwnenɨ /u'pɛwnena/.]
No es posible.	**Гэта немагчыма.** [ɦɛta nemaɦ'tʃɨma.]
¡Nada de eso!	**Нічога падобнага!** [ni'tʃɔɦa pa'dɔbnaɦa!]
Justo lo contrario.	**Наадварот!** [naadva'rɔt!]
Estoy en contra de ello.	**Я супраць.** [ʲa 'supratsʲ.]
No me importa. (Me da igual.)	**Мне ўсё роўна.** [mne wsʲo 'rɔwna.]
No tengo ni idea.	**Паняцця ня маю.** [pa'nʲatsʲa nʲa 'maʉ.]
Dudo que sea así.	**Сумняваюся, что гэта так.** [sumnʲa'vaʉsʲa, tʃtɔ 'ɦɛta tak.]
Lo siento, no puedo.	**Прабачце, я не магу.** [pra'batʃtse, ʲa ne ma'ɦu.]
Lo siento, no quiero.	**Прабачце, я не хачу.** [pra'batʃtse, ʲa ne ha'tʃu.]
Gracias, pero no lo necesito.	**Дзякуй, мне гэта ня трэба.** [dzʲakuj, mne 'ɦɛta nʲa 'trɛba.]
Ya es tarde.	**Ужо позна.** [uʒɔ 'pɔzna.]

Tengo que levantarme temprano.	**Мне рана ўставаць.** [mne 'rana wsta'vatsʲ.]
Me encuentro mal.	**Я дрэнна сябе адчуваю.** [ʲa 'drɛnna sʲa'be attʃu'vaʉ.]

Expresar gratitud

Gracias.	**Дзякуй.** [dzʲakuj.]
Muchas gracias.	**Дзякуй вялікі!** [dzʲakuj vʲa'liki.]
De verdad lo aprecio.	**Вельмі ўдзячны /удзячна/.** [welʲmi u'dzʲatʃnɨ /u'dzʲatʃna/.]
Se lo agradezco.	**Я вам удзячны /удзячна/.** [ʲa vam u'dzʲatʃnɨ /u'dzʲatʃna/.]
Se lo agradecemos.	**Мы вам удзячны.** [mɨ vam u'dzʲatʃnɨ.]
Gracias por su tiempo.	**Дзякуй, что выдаткавалі час.** [dzʲakuj, tʃtɔ 'vɨdatkavali tʃas.]
Gracias por todo.	**Дзякуй за ўсё.** [dzʲakuj za 'wsʲo.]
Gracias por …	**Дзякуй за …** [dzʲakuj za …]
su ayuda	**вашу дапамогу** [vaʃu dapa'mɔɦu]
tan agradable momento	**прыемныя часіны** [prɨ'emnɨʲa tʃa'sinɨ]
una comida estupenda	**выдатную ежу** [vɨ'datnuʉ 'eʒu]
una velada tan agradable	**прыемны вечар** [prɨ'emnɨ 'vetʃar]
un día maravilloso	**цудоўны дзень** [tsu'dɔwnɨ dzenʲ]
un viaje increíble	**цікавую экскурсію** [tsi'kavuʉ ɛks'kursiʉ]
No hay de qué.	**Няма за што.** [nʲa'ma za 'ʃtɔ.]
De nada.	**Ня варта падзякі.** [nʲa 'varta pa'dzʲaki.]
Siempre a su disposición.	**Заўсёды калі ласка.** [zaw'sʲodɨ ka'li 'laska.]
Encantado /Encantada/ de ayudarle.	**Быў рады /Была рада/ дапамагчы.** [bɨw 'radɨ /bɨla 'rada/ dapamaɦ'tʃɨ.]
No hay de qué.	**Забудзьце. Усё добра.** [za'butʲtse. wsʲo 'dɔbra.]
No tiene importancia.	**Не турбуйцеся.** [ne tur'bujtsesʲa.]

Felicitaciones , Mejores Deseos

¡Felicidades!	**Віншую!** [vin'ʃuʉ!]
¡Feliz Cumpleaños!	**З днём нараджэння!** [z 'dnʲom nara'ʤɛnnʲa!]
¡Feliz Navidad!	**Вясёлых Калядаў!** [vʲa'sʲolɨh ka'lʲadaw!]
¡Feliz Año Nuevo!	**С Новым годам!** [s 'nɔvɨm 'ɦɔdam!]
¡Felices Pascuas!	**Са Светлым Вялікаднем!** [sa 'svetlɨm vʲa'likadnem!]
¡Feliz Hanukkah!	**Счаслівай Ханукі!** [sʧas'livaj 'hanuki!]
Quiero brindar.	**У мяне ёсць тост.** [u mʲa'ne ʲostsʲ tɔst.]
¡Salud!	**За ваша здароўе!** [za 'vaʃa zda'rɔwe!]
¡Brindemos por …!	**Вып'ем за …!** [vɨpʾem za …!]
¡A nuestro éxito!	**За нашыя поспехі!** [za 'naʃɨa 'pɔspehi!]
¡A su éxito!	**За вашыя поспехі!** [za 'vaʃɨa 'pɔspehi!]
¡Suerte!	**Удачы!** [u'daʧɨ!]
¡Que tenga un buen día!	**Прыемнага вам дня!** [prɨ'emnaɦa vam dnʲa!]
¡Que tenga unas buenas vacaciones!	**Добрага вам адпачынку!** [dɔbraɦa vam adpa'ʧɨnku!]
¡Que tenga un buen viaje!	**Удалай паездкі!** [u'dalaj pa'eztki!]
¡Espero que se recupere pronto!	**Жадаю вам хуткай папраўкі!** [ʒa'daʉ vam 'hutkaj pa'prawki!]

Socializarse

¿Por qué está triste?	**Чаму вы засмучаны?** [tʃa'mu vɨ zas'mutʃanɨ?]
¡Sonría! ¡Animese!	**Усміхніцеся!** [usmih'nitsesʲa!]
¿Está libre esta noche?	**Вы не занятыя сёння ўвечары?** [vɨ ne za'nʲatɨʲa 'sʲonnʲa u'wetʃarɨ?]
¿Puedo ofrecerle algo de beber?	**Магу я прапанаваць вам выпіць?** [ma'ɦu ʲa prapana'vats vam 'vɨpitsʲ?]
¿Querría bailar conmigo?	**Ня хочаце патанцаваць?** [nʲa 'hɔtʃatse patantsa'vatsʲ?]
Vamos a ir al cine.	**Можа сходзім у кіно?** [mɔʒa 'shɔdzim u ki'nɔ?]
¿Puedo invitarle a ...?	**Магу я запрасіць вас у ...?** [ma'ɦu ʲa zapra'sitsʲ vas u ...?]
un restaurante	**рэстаран** [rɛsta'ran]
el cine	**кіно** [ki'nɔ]
el teatro	**тэатр** [tɛ'atr]
dar una vuelta	**на прагулку** [na pra'ɦulku]
¿A qué hora?	**У колькі?** [u 'kɔlʲki?]
esta noche	**сёння увечары** [sʲonnʲa u'vetʃarɨ]
a las seis	**у шэсць гадзін** [u ʃɛstsʲ ɦa'dzin]
a las siete	**у сем гадзін** [u sem ɦa'dzin]
a las ocho	**у восем гадзін** [u 'vɔsem ɦa'dzin]
a las nueve	**у дзевяць гадзін** [u 'dzevʲatsʲ ɦa'dzin]
¿Le gusta este lugar?	**Вам тут падабаецца?** [vam tut pada'baetsa?]
¿Está aquí con alguien?	**Вы тут з кімсьці?** [vɨ tut z 'kimsʲtsi?]
Estoy con mi amigo /amiga/.	**Я з сябрам /сяброўкай/.** [ʲa z 'sʲabram /sʲab'rɔwkaj/.]

Estoy con amigos.	**Я з сябрамі.** [ʲa z sʲab'rami.]
No, estoy solo /sola/.	**Я адзін /адна/.** [ʲa a'dzin /ad'na/.]
¿Tienes novio?	**У цябе ёсць прыяцель?** [u tsʲa'be ʲostsʲ pri'ʲatselʲ?]
Tengo novio.	**У мяне ёсць сябар.** [u mʲa'ne ʲostsʲ 'sʲabar.]
¿Tienes novia?	**У цябе ёсць сяброўка?** [u tsʲa'be ʲostsʲ sʲab'rɔwka?]
Tengo novia.	**У мяне ёсць дзяўчына.** [u mʲa'ne ʲostsʲ dzʲaw'ʧɨna.]
¿Te puedo volver a ver?	**Мы яшчэ сустрэнемся?** [mɨ ʲa'ɕɛ sus'trɛnemsʲa?]
¿Te puedo llamar?	**Можна я табе пазваню?** [mɔʒna ʲa ta'be pazva'nʉ?]
Llámame.	**Пазвані мне.** [pazva'ni mne.]
¿Cuál es tu número?	**Які ў цябе нумар?** [ʲaki u tsʲa'be 'numar?]
Te echo de menos.	**Я сумую па табе.** [ʲa su'muʉ pa ta'be.]
¡Qué nombre tan bonito!	**У вас вельмі прыгожае імя.** [u vas 'velʲmi prɨ'ɦɔʒae i'mʲa.]
Te quiero.	**Я цябе кахаю.** [ʲa tsʲa'be ka'haʉ.]
¿Te casarías conmigo?	**Выходзь за мяне замуж.** [vɨ'hɔtsʲ za mʲa'ne 'zamuʒ.]
¡Está de broma!	**Вы жартуеце!** [vɨ ʒar'tuetse!]
Sólo estoy bromeando.	**Я проста жартую.** [ʲa 'prɔsta ʒar'tuʉ.]
¿En serio?	**Вы сур'ёзна?** [vɨ su'rʔʲozna?]
Lo digo en serio.	**Я сур'ёзна.** [ʲa su'rʔʲozna.]
¿De verdad?	**Сапраўды?!** [sapraw'dɨ?!]
¡Es increíble!	**Гэта неверагодна!** [ɦɛta nevera'ɦɔdna]
No le creo.	**Я вам ня веру.** [ʲa vam nʲa 'veru.]
No puedo.	**Я не магу.** [ʲa ne ma'ɦu.]
No lo sé.	**Я ня ведаю.** [ʲa nʲa 'vedaʉ.]
No le entiendo.	**Я вас не разумею.** [ʲa vas ne razu'meʉ.]

Váyase, por favor.	**Сыдзіце, калі ласка.** [sɨ'dzitse, ka'li 'laska.]
¡Déjeme en paz!	**Пакіньце мяне у спакоі!** [pa'kinʲtse mʲa'ne u spa'kɔi!]

Es inaguantable.	**Я яго не выношу!** [ʲa ʲa'ɦɔ ne vɨ'nɔʃu.]
¡Es un asqueroso!	**Вы агідныя!** [vɨ a'ɦidnɨʲa!]
¡Llamaré a la policía!	**Я выклікаю міліцыю!** [ʲa 'vɨklikaʉ mi'litsɨʉ!]

Compartir impresiones. Emociones

Me gusta.	**Мне гэта падабаецца.** [mne 'ɦɛta pada'baetsa.]
Muy lindo.	**Вельмі міла.** [velʲmi 'mila.]
¡Es genial!	**Гэта выдатна!** [ɦɛta vɨ'datna!]
No está mal.	**Гэта някепска.** [ɦɛta nʲa'kepska.]
No me gusta.	**Гэта мне не падабаецца** [ɦɛta mne ne pada'baetsa.]
No está bien.	**Гэта нядобра.** [ɦɛta nʲa'dɔbra.]
Está mal.	**Гэта дрэнна.** [ɦɛta 'drɛnna.]
Está muy mal.	**Гэта вельмі дрэнна.** [ɦɛta 'velʲmi 'drɛnna.]
¡Qué asco!	**Гэта агідна.** [ɦɛta a'ɦidna.]
Estoy feliz.	**Я шчаслівы /шчаслівая/.** [ʲa ɕas'livɨ /ɕas'livaʲa/.]
Estoy contento /contenta/.	**Я задаволены /задаволена/.** [ʲa zada'vɔlenɨ /zada'vɔlena/.]
Estoy enamorado /enamorada/.	**Я закаханы /закахана/.** [ʲa zaka'hanɨ /zaka'hana/.]
Estoy tranquilo.	**Я спакойны /спакойна/.** [ʲa spa'kɔjnɨ /spa'kɔjna/.]
Estoy aburrido.	**Мне сумна.** [mne 'sumna.]
Estoy cansado /cansada/.	**Я стаміўся /стамілася/.** [ʲa sta'miwsʲa /sta'milasʲa/.]
Estoy triste.	**Мне нудна.** [mne 'nudna.]
Estoy asustado.	**Я напужаны /напужана/.** [ʲa na'puʒanɨ /na'puʒana/.]
Estoy enfadado /enfadada/.	**Я злуюся.** [ʲa zlu'ʉsʲa.]
Estoy preocupado /preocupada/.	**Я хвалююся.** [ʲa hva'lʉjusʲa.]
Estoy nervioso /nerviosa/.	**Я нярвуюся.** [ʲa nʲar'vuʉsʲa.]

Estoy celoso /celosa/.	**Я зайздрошчу.** [ʲa zajzd'rɔɕu.]
Estoy sorprendido /sorprendida/.	**Я здзіўлены /здзіўлена/.** [ʲa 'zʣiwlenɨ /'zʣiwlena/.]
Estoy perplejo /perpleja/.	**Я азадачаны /азадачана/.** [ʲa aza'datʃanɨ /aza'datʃana/.]

Problemas, Accidentes

Tengo un problema.	**У мяне праблема.** [u mʲa'ne prab'lema.]
Tenemos un problema.	**У нас праблема.** [u nas prab'lema.]
Estoy perdido /perdida/.	**Я заблукаў /заблукала/.** [ʲa zablu'kaw /zablu'kala/.]
Perdi el último autobús (tren).	**Я спазніўся на апошні аўтобус (цягнік).** [ʲa spaz'niwsʲa na a'pɔʃni aw'tɔbus (ʦʲaɦ'nik).]
No me queda más dinero.	**У мяне зусім не засталося грошай.** [u mʲa'ne zu'sim ne zasta'lɔsʲa 'ɦrɔʃaj.]

He perdido …	**Я згубіў /згубіла/…** [ʲa zɦu'biw /zɦu'bila/ …]
Me han robado …	**У мяне ўкралі …** [u mʲa'ne w'krali …]
mi pasaporte	**пашпарт** [paʃpart]
mi cartera	**кашалёк** [kaʃa'lʲok]
mis papeles	**дакументы** [daku'mentɨ]
mi billete	**білет** [bi'let]

mi dinero	**грошы** [ɦrɔʃɨ]
mi bolso	**сумку** [sumku]
mi cámara	**фотаапарат** [fɔtaapa'rat]
mi portátil	**ноутбук** [nɔut'buk]
mi tableta	**планшэт** [plan'ʃɛt]
mi teléfono	**тэлефон** [tɛle'fɔn]

¡Ayúdeme!	**Дапамажыце!** [dapama'ʒɨʦe]
¿Qué pasó?	**Што здарылася?** [ʃtɔ 'zdarɨlasʲa?]

el incendio	**пажар** [pa'ʒar]
un tiroteo	**страляніна** [stralʲa'nina]
el asesinato	**забойства** [za'bɔjstva]
una explosión	**выбух** [vɨbuh]
una pelea	**бойка** [bɔjka]

¡Llame a la policía!	**Выклікайце міліцыю!** [vɨklikajʦe mi'liʦɨu!]
¡Más rápido, por favor!	**Калі ласка, хутчэй!** [ka'li 'laska, hu'ʧɛj!]
Busco la comisaría.	**Я шукаю аддзяленне міліцыі.** [ʲa ʃu'kaʉ adʣʲa'lenne mi'liʦɨi.]
Tengo que hacer una llamada.	**Мне трэба пазваніць.** [mne 'trɛba pazva'niʦʲ.]
¿Puedo usar su teléfono?	**Магу я пазваніць?** [ma'ɦu ʲa pazva'niʦʲ?]

Me han ...	**Мяне ...** [mʲa'ne ...]
asaltado /asaltada/	**абрабавалі** [abraba'vali]
robado /robada/	**абкралі** [ab'krali]
violada	**згвалтавалі** [zɦvalta'vali]
atacado /atacada/	**збілі** [zbili]

¿Se encuentra bien?	**З вамі ўсё ў парадку?** [z 'vami wsʲo w pa'ratku?]
¿Ha visto quien a sido?	**Вы бачылі, хто гэта быў?** [vɨ 'baʧɨli, htɔ 'ɦɛta bɨw?]
¿Sería capaz de reconocer a la persona?	**Вы зможаце яго пазнаць?** [vɨ 'zmɔʒaʦe ʲa'ɦɔ paz'naʦʲ?]
¿Está usted seguro?	**Вы дакладна ўпэўнены?** [vɨ dak'ladna u'pɛwnenɨ?]

Por favor, cálmese.	**Калі ласка, супакойцеся.** [ka'li 'laska, supa'kɔjʦesʲa.]
¡Cálmese!	**Спакайней!** [spakaj'nej!]
¡No se preocupe!	**Не турбуйцеся.** [ne tur'bujʦesʲa.]
Todo irá bien.	**Усё будзе добра.** [wsʲo 'buʣe 'dɔbra.]
Todo está bien.	**Усё ў парадку.** [wsʲo w pa'ratku.]

Venga aquí, por favor.	**Падыдзіце, калі ласка.** [padɨ'dzitse, ka'li 'laska.]
Tengo unas preguntas para usted.	**У мяне да вас некалькі пытанняў.** [u mʲa'ne da vas 'nekalʲki pɨ'tannʲaw.]
Espere un momento, por favor.	**Пачакайце, калі ласка.** [patʃa'kajtse, ka'li 'laska.]
¿Tiene un documento de identidad?	**У вас ёсць дакументы?** [u vas ʲostsʲ daku'mentɨ?]
Gracias. Puede irse ahora.	**Дзякуй. Вы можаце ісці.** [dzʲakuj. vɨ mɔʒatse isʲtsi.]
¡Manos detrás de la cabeza!	**Рукі за галаву!** [ruki za ɦala'vu!]
¡Está arrestado!	**Вы арыштаваны.** [vɨ arɨʃta'vanɨ!]

Problemas de salud

Ayudeme, por favor.	**Дапамажыце, калі ласка.** [dapama'ʒɨtse, ka'li 'laska.]
No me encuentro bien.	**Мне дрэнна.** [mne 'drɛnna.]
Mi marido no se encuentra bien.	**Майму мужу дрэнна.** [majmu 'muʒu 'drɛnna.]
Mi hijo ...	**Майму сыну ...** [majmu 'sɨnu ...]
Mi padre ...	**Майму бацьку ...** [majmu 'batsʲku ...]
Mi mujer no se encuentra bien.	**Маёй жонцы дрэнна.** [maʲoj 'ʒontsɨ 'drɛnna.]
Mi hija ...	**Маёй дачцэ ...** [maʲoj datʃ'tsɛ ...]
Mi madre ...	**Маёй маці ...** [maʲoj 'matsi ...]
Me duele ...	**У мяне баліць ...** [u mʲa'ne ba'litsʲ ...]
la cabeza	**галава** [ɦala'va]
la garganta	**горла** [ɦɔrla]
el estómago	**жывот** [ʒɨ'vɔt]
un diente	**зуб** [zub]
Estoy mareado.	**У мяне кружыцца галава.** [u mʲa'ne 'kruʒɨtsa ɦala'va.]
Él tiene fiebre.	**У яго тэмпература.** [u ʲa'ɦɔ tɛmpera'tura.]
Ella tiene fiebre.	**У яе тэмпература.** [u ʲae tɛmpera'tura.]
No puedo respirar.	**Я не магу дыхаць.** [ʲa ne ma'ɦu 'dɨhatsʲ.]
Me ahogo.	**Я задыхаюся.** [ʲa zadɨ'hausʲa.]
Tengo asma.	**Я астматык.** [ʲa ast'matɨk.]
Tengo diabetes.	**Я дыябетык.** [ʲa dɨʲa'betɨk.]

No puedo dormir.	**У мяне бяссонніца.** [u mʲa'ne bʲas'sɔnnitsa.]
intoxicación alimentaria	**харчовае атручванне** [har'tʃɔvae at'rutʃvanne]

Me duele aquí.	**Баліць вось тут.** [ba'litsʲ vɔsʲ tut.]
¡Ayúdeme!	**Дапамажыце!** [dapama'ʒɨtse!]
¡Estoy aquí!	**Я тут!** [ʲa tut!]
¡Estamos aquí!	**Мы тут!** [mɨ tut!]
¡Saquenme de aquí!	**Выцягніце мяне!** [vɨtsʲaɦnitse mʲa'ne!]
Necesito un médico.	**Мне патрэбны доктар.** [mne pa'trɛbnɨ 'dɔktar.]
No me puedo mover.	**Я не магу рухацца.** [ʲa ne ma'ɦu 'ruhatsa.]
No puedo mover mis piernas.	**Я не адчуваю ног.** [ʲa ne attʃu'vaʉ nɔɦ.]

Tengo una herida.	**Я паранены /паранена/.** [ʲa pa'ranenɨ /pa'ranena/.]
¿Es grave?	**Гэта сур'ёзна?** [ɦɛta su'rʔʲozna?]
Mis documentos están en mi bolsillo.	**Мае дакументы ў кішэні.** [ma'e daku'mentɨ w ki'ʃɛni.]
¡Cálmese!	**Супакойцеся!** [supa'kɔjtsesʲa!]
¿Puedo usar su teléfono?	**Магу я пазваніць?** [ma'ɦu ʲa pazva'nitsʲ?]

¡Llame a una ambulancia!	**Выклікайце хуткую падамогу!** [vɨklikajtse 'hutkuʉ pada'mɔɦu!]
¡Es urgente!	**Гэта неадкладна!** [ɦɛta neat'kladna!]
¡Es una emergencia!	**Гэта вельмі неадкладна!** [ɦɛta 'velʲmi neat'kladna!]
¡Más rápido, por favor!	**Калі ласка, хутчэй!** [ka'li 'laska, hu'tʃɛj!]
¿Puede llamar a un médico, por favor?	**Выклікайце доктара, калі ласка!** [vɨklikajtse dɔktara, ka'li 'laska!]
¿Dónde está el hospital?	**Скажыце, дзе бальніца?** [ska'ʒɨtse, dze balj'nitsa?]

¿Cómo se siente?	**Як вы сябе адчуваеце?** [ʲak vɨ sʲa'be attʃu'vaetse?]
¿Se encuentra bien?	**З вамі ўсё ў парадку?** [z 'vami wsʲo w pa'ratku?]
¿Qué pasó?	**Что здарылася?** [tʃtɔ 'zdarɨlasʲa?]

Me encuentro mejor.	**Мне ўжо лепш.** [mne wʒɔ lepʃ.]
Está bien.	**Ўсё ў парадку.** [wsʲo w pa'ratku.]
Todo está bien.	**Усё добра.** [wsʲo 'dɔbra.]

En la farmacia

la farmacia	**аптэка** [ap'tɛka]
la farmacia 24 horas	**кругласутачная аптэка** [kruɦla'sutatʃnaʲa ap'tɛka]
¿Dónde está la farmacia más cercana?	**Дзе бліжэйшая аптэка?** [dze bli'ʒɛjʃaʲa ap'tɛka?]
¿Está abierta ahora?	**Яна зараз адчынена?** [ʲa'na 'zaraz at'tʃɨnena?]
¿A qué hora abre?	**А якой гадзіне яна адчыняецца?** [a 'ʲakɔj ɦa'dzine 'ʲana attʃɨ'nʲaetsa?]
¿A qué hora cierra?	**Да якой гадзіны яна працуе?** [da ʲa'kɔj ɦa'dzinɨ ʲa'na pra'tsue?]
¿Está lejos?	**Гэта далёка?** [ɦɛta da'lʲoka?]
¿Puedo llegar a pie?	**Я дайду туды пешшу?** [ʲa daj'du tu'dɨ 'peʃu?]
¿Puede mostrarme en el mapa?	**Пакажыце мне на карце, калі ласка.** [paka'ʒɨtse mne na kartse, ka'li 'laska.]
Por favor, deme algo para ...	**Дайце мне чаго-небудзь ад ...** [dajtse mne tʃaɦɔ 'nebutsʲ at ...]
un dolor de cabeza	**галаўнога болю** [ɦalaw'nɔɦa 'bɔlʉ]
la tos	**кашлю** [kaʃlʉ]
el resfriado	**прастуды** [pra'studɨ]
la gripe	**грыпу** [ɦrɨpu]
la fiebre	**тэмпературы** [tɛmpera'turɨ]
un dolor de estomago	**болю ў страўніку** [bɔlʉ w 'strawniku]
nauseas	**млоснасці** [mlɔsnasʲtsi]
la diarrea	**дыярэі** [dɨʲa'rɛi]
el estreñimiento	**запору** [za'pɔru]
un dolor de espalda	**боль у спіне** [bɔlʲ u spine]

un dolor de pecho — **боль у грудзях**
[bɔlʲ u ɦru'dzʲah]

el flato — **боль у баку**
[bɔlʲ u ba'ku]

un dolor abdominal — **боль у жываце**
[bɔlʲ u ʒɨvaʦe]

---

la píldora — **таблетка**
[tab'letka]

la crema — **мазь, крэм**
[mazʲ, krɛm]

el jarabe — **сіроп**
[si'rɔp]

el spray — **спрэй**
[sprɛj]

las gotas — **кроплі**
[krɔpli]

Tiene que ir al hospital. — **Вам патрэбна ў бальніцу.**
[vam pa'trɛbna w balʲniʦu.]

el seguro de salud — **страхоўка**
[stra'hɔwka]

la receta — **рэцэпт**
[rɛ'ʦɛpt]

el repelente de insectos — **сродак ад насякомых**
[srɔdak ad nasʲa'kɔmɨh]

la curita — **лейкапластыр**
[lejka'plastɨr]

Lo más imprescindible

Perdone, ...	**Прабачце, ...** [pra'batʃtse, ...]
Hola.	**Прывітанне.** [privi'tanne.]
Gracias.	**Дзякуй.** [dzʲakuj.]
Sí.	**Так.** [tak.]
No.	**Не.** [ne.]
No lo sé.	**Я ня ведаю.** [ʲa nʲa 'vedau.]
¿Dónde? | ¿A dónde? | ¿Cuándo?	**Дзе? | Куды? | Калі?** [dze? | ku'di? | ka'li?]
Necesito ...	**Мне трэба ...** [mne 'trɛba ...]
Quiero ...	**Я хачу ...** [ʲa ha'tʃu ...]
¿Tiene ...?	**У вас ёсць ...?** [u vas ʲostsʲ ...?]
¿Hay ... por aquí?	**Тут ёсць ...?** [tut ʲostsʲ ...?]
¿Puedo ...?	**Я магу ...?** [ʲa ma'ɦu ...?]
..., por favor? (petición educada)	**Калі ласка** [ka'li 'laska]
Busco ...	**Я шукаю ...** [ʲa ʃu'kau ...]
el servicio	**туалет** [tua'let]
un cajero automático	**банкамат** [banka'mat]
una farmacia	**аптэку** [ap'tɛku]
el hospital	**бальніцу** [balj'nitsu]
la comisaría	**аддзяленне міліцыі** [adzʲa'lenne mi'litsii]
el metro	**метро** [me'trɔ]

un taxi	**таксі** [tak'si]
la estación de tren	**вакзал** [vak'zal]

Me llamo …	**Мяне завуць …** [mʲa'ne za'vutsʲ …]
¿Cómo se llama?	**Як вас завуць?** [ʲak vas za'vutsʲ?]
¿Puede ayudarme, por favor?	**Дапамажыце мне, калі ласка.** [dapama'ʒɨtse mne, ka'li 'laska?]
Tengo un problema.	**У мяне праблема.** [u mʲa'ne prab'lema.]
Me encuentro mal.	**Мне дрэнна.** [mne 'drɛnna.]
¡Llame a una ambulancia!	**Выклікайце хуткую дапамогу!** [vɨklikajtse 'hutkuu dapa'mɔɦu!]
¿Puedo llamar, por favor?	**Магу я пазваніць?** [ma'ɦu ʲa pazva'nitsʲ?]

Lo siento.	**Выбачце.** [vɨbatʃtse.]
De nada.	**Калі ласка.** [ka'li 'laska.]

Yo	**я** [ʲa]
tú	**ты** [tɨ]
él	**ён** [ʲon]
ella	**яна** [ʲa'na]
ellos	**яны** [ʲa'nɨ]
ellas	**яны** [ʲa'nɨ]
nosotros /nosotras/	**мы** [mɨ]
ustedes, vosotros	**вы** [vɨ]
usted	**вы** [vɨ]

ENTRADA	**УВАХОД** [uva'hɔd]
SALIDA	**ВЫХАД** [vɨhad]
FUERA DE SERVICIO	**НЕ ПРАЦУЕ** [ne pra'tsue]
CERRADO	**ЗАЧЫНЕНА** [za'tʃɨnena]

ABIERTO	**АДЧЫНЕНА** [at'ʧɨnena]
PARA SEÑORAS	**ДЛЯ ЖАНЧЫН** [dlʲa ʒan'ʧɨn]
PARA CABALLEROS	**ДЛЯ МУЖЧЫН** [dlʲa muʒ'ʧɨn]

DICCIONARIO CONCISO

Esta sección contiene más de 1.500 palabras útiles. El diccionario incluye muchos términos gastronómicos y será de gran ayuda para pedir alimentos en un restaurante o comprando comestibles en la tienda

T&P Books Publishing

CONTENIDO DEL DICCIONARIO

T&P Books Publishing

1. La hora. El calendario

tiempo (m)	**час** (м)	['ʧas]
hora (f)	**гадзіна** (ж)	[ɦa'ʣina]
media hora (f)	**паўгадзіны**	[pawɦa'ʣinɨ]
minuto (m)	**хвіліна** (ж)	[hvi'lina]
segundo (m)	**секунда** (ж)	[se'kunda]
hoy (adv)	**сёння**	['sʲonnʲa]
mañana (adv)	**заўтра**	['zawtra]
ayer (adv)	**учора**	[u'ʧɔra]
lunes (m)	**панядзелак** (м)	[panʲa'ʣelak]
martes (m)	**аўторак** (м)	[aw'tɔrak]
miércoles (m)	**серада** (ж)	[sera'da]
jueves (m)	**чацвер** (м)	[ʧaʦ'ver]
viernes (m)	**пятніца** (ж)	['pʲatniʦa]
sábado (m)	**субота** (ж)	[su'bɔta]
domingo (m)	**нядзеля** (ж)	[nʲa'ʣelʲa]
día (m)	**дзень** (м)	['ʣenʲ]
día (m) de trabajo	**працоўны дзень** (м)	[pra'ʦɔwnɨ 'ʣenʲ]
día (m) de fiesta	**святочны дзень** (м)	[svʲa'tɔʧnɨ 'ʣenʲ]
fin (m) de semana	**выхадныя** (м мн)	[vɨhad'nɨʲa]
semana (f)	**тыдзень** (м)	['tɨʣenʲ]
semana (f) pasada	**на мінулым тыдні**	[na mi'nulɨm 'tɨdni]
semana (f) que viene	**на наступным тыдні**	[na na'stupnɨm 'tɨdni]
salida (f) del sol	**узыход** (м) **сонца**	[uzɨ'hɔt 'sɔnʦa]
puesta (f) del sol	**захад** (м)	['zahat]
por la mañana	**ранкам**	['rankam]
por la tarde	**пасля абеду**	[pa'slʲa a'bedu]
por la noche	**увечар**	[u'veʧar]
esta noche (p.ej. 8:00 p.m.)	**сёння ўвечары**	[sʲonnʲa u'weʧarɨ]
por la noche	**уначы**	[una'ʧɨ]
medianoche (f)	**поўнач** (ж)	['pɔwnaʧ]
enero (m)	**студзень** (м)	['stuʣenʲ]
febrero (m)	**люты** (м)	['lʉtɨ]
marzo (m)	**сакавік** (м)	[saka'vik]
abril (m)	**красавік** (м)	[krasa'vik]
mayo (m)	**май** (м)	['maj]
junio (m)	**чэрвень** (м)	['ʧɛrvenʲ]
julio (m)	**ліпень** (м)	['lipenʲ]

agosto (m)	**жнівень** (м)	['ʒniven^j]
septiembre (m)	**верасень** (м)	['verasen^j]
octubre (m)	**кастрычнік** (м)	[kas'trɨʧnik]
noviembre (m)	**лістапад** (м)	[lista'pat]
diciembre (m)	**снежань** (м)	['sneʒan^j]
en primavera	**увесну**	[u'vesnu]
en verano	**улетку**	[u'letku]
en otoño	**увосень**	[u'vɔsen^j]
en invierno	**узімку**	[u'zimku]
mes (m)	**месяц** (м)	['mes^jats]
estación (f)	**сезон** (м)	[se'zɔn]
año (m)	**год** (м)	['ɦɔt]
siglo (m)	**стагоддзе** (н)	[sta'ɦɔdze]

2. Números. Los numerales

cifra (f)	**лічба** (ж)	['liʤba]
número (m) (~ cardinal)	**лік** (м)	['lik]
menos (m)	**мінус** (м)	['minus]
más (m)	**плюс** (м)	['plʉs]
suma (f)	**сума** (ж)	['suma]
primero (adj)	**першы**	['perʃɨ]
segundo (adj)	**другі**	[dru'ɦi]
tercero (adj)	**трэці**	['trɛtsi]
cero	**нуль** (м)	['nul^j]
uno	**адзін**	[a'dzin]
dos	**два**	['dva]
tres	**тры**	['trɨ]
cuatro	**чатыры**	[ʧa'tɨrɨ]
cinco	**пяць**	['p^jats^j]
seis	**шэсць**	['ʃɛsts^j]
siete	**сем**	['sem]
ocho	**восем**	['vɔsem]
nueve	**дзевяць**	['dzev^jats^j]
diez	**дзесяць**	['dzes^jats^j]
once	**адзінаццаць**	[adzi'natsats^j]
doce	**дванаццаць**	[dva'natsats^j]
trece	**трынаццаць**	[trɨ'natsats^j]
catorce	**чатырнаццаць**	[ʧatɨr'natsats^j]
quince	**пятнаццаць**	[p^jat'natsats^j]
dieciséis	**шаснаццаць**	[ʃas'natsats^j]
diecisiete	**семнаццаць**	[s^jam'natsats^j]
dieciocho	**васемнаццаць**	[vas^jam'natsats^j]

diecinueve	**дзевятнаццаць**	[dzevʲat'natsatsʲ]
veinte	**дваццаць**	['dvatsatsʲ]
treinta	**трыццаць**	['tritsatsʲ]
cuarenta	**сорак**	['sɔrak]
cincuenta	**пяцьдзесят**	[pʲadzʲa'sʲat]
sesenta	**шэсцьдзесят**	['ʃɛzʲdzesʲat]
setenta	**семдзесят**	['semdzesʲat]
ochenta	**восемдзесят**	['vɔsemdzesʲat]
noventa	**дзевяноста**	[dzevʲa'nɔsta]
cien	**сто**	['stɔ]
doscientos	**дзвесце**	[dzj'vesʲtse]
trescientos	**трыста**	['trɨsta]
cuatrocientos	**чатырыста**	[tʃa'tɨrɨsta]
quinientos	**пяцьсот**	[pʲats'sɔt]
seiscientos	**шэсцьсот**	[ʃɛstsʲ'sɔt]
setecientos	**семсот**	[sem'sɔt]
ochocientos	**восемсот**	[vɔsem'sɔt]
novecientos	**дзевяцьсот**	[dzevʲatsʲ'sɔt]
mil	**тысяча**	['tɨsʲatʃa]
diez mil	**дзесяць тысяч**	['dzesʲatsʲ 'tɨsʲatʃ]
cien mil	**сто тысяч**	['stɔ 'tɨsʲatʃ]
millón (m)	**мільён** (м)	[mi'ljɔn]
mil millones	**мільярд** (м)	[mi'lʲart]

3. El ser humano. Los familiares

hombre (m) (varón)	**мужчына** (м)	[mu'ʃɕɨna]
joven (m)	**юнак** (м)	[ʉ'nak]
adolescente (m)	**падлетак** (м)	[pad'letak]
mujer (f)	**жанчына** (ж)	[ʒan'tʃɨna]
muchacha (f)	**дзяўчына** (ж)	[dzʲaw'tʃɨna]
edad (f)	**узрост** (м)	[uz'rɔst]
adulto	**дарослы**	[da'rɔslɨ]
de edad media (adj)	**сярэдніх гадоў**	[sʲa'rɛdnih ha'dɔw]
anciano, mayor (adj)	**пажылы**	[paʒɨ'lɨ]
viejo (adj)	**стары**	[sta'rɨ]
anciano (m)	**стары** (м)	[sta'rɨ]
anciana (f)	**старая** (ж)	[sta'raʲa]
jubilación (f)	**пенсія** (ж)	['pensiʲa]
jubilarse	**пайсці на пенсію**	[pajs'tsi na 'pensiʉ]
jubilado (m)	**пенсіянер** (м)	[pensiʲa'ner]
madre (f)	**маці** (ж)	['matsi]
padre (m)	**бацька** (м)	['batsʲka]
hijo (m)	**сын** (м)	['sɨn]

hija (f)	**дачка** (ж)	[datʃ'ka]
hermano (m)	**брат** (м)	['brat]
hermano (m) mayor	**старшы брат** (м)	['starʃɨ 'brat]
hermano (m) menor	**меншы брат** (м)	['menʃɨ 'brat]
hermana (f)	**сястра** (ж)	[sʲast'ra]
hermana (f) mayor	**старшая сястра** (ж)	['starʃaʲa sʲas'tra]
hermana (f) menor	**малодшая сястра** (ж)	[ma'lɔtʃaʲa sʲas'tra]
padres (pl)	**бацькі** (мн)	[batsʲ'ki]
niño -a (m, f)	**дзіця** (н)	[dzi'tsʲa]
niños (pl)	**дзеці** (н мн)	['dzetsi]
madrastra (f)	**мачаха** (ж)	['matʃaha]
padrastro (m)	**айчым** (м)	[aj'tʃɨm]
abuela (f)	**бабуля** (ж)	[ba'bulʲa]
abuelo (m)	**дзядуля** (м)	[dzʲa'dulʲa]
nieto (m)	**унук** (м)	[u'nuk]
nieta (f)	**унучка** (ж)	[u'nutʃka]
nietos (pl)	**унукі** (м мн)	[u'nuki]
tío (m)	**дзядзька** (м)	['dzʲatsʲka]
tía (f)	**цётка** (ж)	['tsʲotka]
sobrino (m)	**пляменнік** (м)	[plʲa'mennik]
sobrina (f)	**пляменніца** (ж)	[plʲa'mennitsa]
mujer (f)	**жонка** (ж)	['ʒɔnka]
marido (m)	**муж** (м)	['muʃ]
casado (adj)	**жанаты**	[ʒa'natɨ]
casada (adj)	**замужняя**	[za'muʒnæʲa]
viuda (f)	**удава** (ж)	[u'dava]
viudo (m)	**удавец** (м)	[uda'vets]
nombre (m)	**імя** (н)	[i'mʲa]
apellido (m)	**прозвішча** (н)	['prɔzʲviʃɕa]
pariente (m)	**сваяк** (м)	[sva'ʲak]
amigo (m)	**сябар** (м)	['sʲabar]
amistad (f)	**сяброўства** (н)	[sʲab'rɔwstva]
compañero (m)	**партнёр** (м)	[part'nʲor]
superior (m)	**начальнік** (м)	[na'tʃalʲnik]
colega (m, f)	**калега** (м, ж)	[ka'leɦa]
vecinos (pl)	**суседзі** (м мн)	[su'sedzi]

4. El cuerpo. La anatomía humana

organismo (m)	**арганізм** (м)	[arɦa'nizm]
cuerpo (m)	**цела** (н)	['tsela]
corazón (m)	**сэрца** (н)	['sɛrtsa]
sangre (f)	**кроў** (ж)	['krɔw]

cerebro (m)	**мозг** (м)	['mɔsk]
nervio (m)	**нерв** (м)	['nerv]
hueso (m)	**косць** (ж)	['kɔsʦʲ]
esqueleto (m)	**шкілет** (м)	[ʃki'let]
columna (f) vertebral	**пазваночнік** (м)	[pazva'nɔʧnik]
costilla (f)	**рабро** (н)	[rab'rɔ]
cráneo (m)	**чэрап** (м)	['ʧɛrap]
músculo (m)	**цягліца** (ж)	[ʦʲaɦ'liʦa]
pulmones (m pl)	**лёгкія** (н мн)	['lʲɔɦkiʲa]
piel (f)	**скура** (ж)	['skura]
cabeza (f)	**галава** (ж)	[ɦala'va]
cara (f)	**твар** (м)	['tvar]
nariz (f)	**нос** (м)	['nɔs]
frente (f)	**лоб** (м)	['lɔp]
mejilla (f)	**шчака** (ж)	[ʃɕa'ka]
boca (f)	**рот** (м)	['rɔt]
lengua (f)	**язык** (м)	[ʲa'zɨk]
diente (m)	**зуб** (м)	['zup]
labios (m pl)	**губы** (ж мн)	['ɦubɨ]
mentón (m)	**падбародак** (м)	[padba'rɔdak]
oreja (f)	**вуха** (н)	['vuha]
cuello (m)	**шыя** (ж)	['ʃɨʲa]
garganta (f)	**горла** (н)	['ɦɔrla]
ojo (m)	**вока** (н)	['vɔka]
pupila (f)	**зрэнка** (ж)	['zrɛnka]
ceja (f)	**брыво** (н)	[brɨ'vɔ]
pestaña (f)	**вейка** (ж)	['vejka]
pelo, cabello (m)	**валасы** (м мн)	[vala'sɨ]
peinado (m)	**прычоска** (ж)	[prɨ'ʧɔska]
bigote (m)	**вусы** (м мн)	['vusɨ]
barba (f)	**барада** (ж)	[bara'da]
tener (~ la barba)	**насіць**	[na'siʦʲ]
calvo (adj)	**лысы**	['lɨsɨ]
mano (f)	**кісць** (ж)	['kisʦʲ]
brazo (m)	**рука** (ж)	[ru'ka]
dedo (m)	**палец** (м)	['paleʦ]
uña (f)	**пазногаць** (м)	[paz'nɔɦaʦʲ]
palma (f)	**далонь** (ж)	[da'lɔnʲ]
hombro (m)	**плячо** (н)	[plʲa'ʧɔ]
pierna (f)	**нага** (ж)	[na'ɦa]
planta (f)	**ступня** (ж)	[stup'nʲa]
rodilla (f)	**калена** (н)	[ka'lena]
talón (m)	**пятка** (ж)	['pʲatka]
espalda (f)	**спіна** (ж)	['spina]

cintura (f), talle (m)	**талія** (ж)	['talʲja]
lunar (m)	**радзімка** (ж)	[ra'ʣimka]
marca (f) de nacimiento	**радзімая пляма** (ж)	[ra'ʣimaʲa 'plʲama]

5. La medicina. Las drogas

salud (f)	**здароўе** (н)	[zda'rɔwe]
sano (adj)	**здаровы**	[zda'rɔvɨ]
enfermedad (f)	**хвароба** (ж)	[hva'rɔba]
estar enfermo	**хварэць**	[hva'rɛʦʲ]
enfermo (adj)	**хворы**	['hvɔrɨ]
resfriado (m)	**прастуда** (ж)	[pra'studa]
resfriarse (vr)	**прастудзіцца**	[prastu'ʣiʦa]
angina (f)	**ангіна** (ж)	[an'ɦina]
pulmonía (f)	**запаленне** (н) **лёгкіх**	[zapa'lenne 'lʲoɦkih]
gripe (f)	**грып** (м)	['ɦrɨp]
resfriado (m) (coriza)	**насмарк** (м)	['nasmark]
tos (f)	**кашаль** (м)	['kaʃalʲ]
toser (vi)	**кашляць**	['kaʃlʲaʦʲ]
estornudar (vi)	**чхаць**	['ʧhaʦʲ]
insulto (m)	**інсульт** (м)	[in'sulʲt]
ataque (m) cardiaco	**інфаркт** (м)	[in'farkt]
alergia (f)	**алергія** (ж)	[aler'ɦiʲa]
asma (f)	**астма** (ж)	['astma]
diabetes (f)	**дыябет** (м)	[dɨʲa'bet]
tumor (m)	**пухліна** (ж)	[puh'lina]
cáncer (m)	**рак** (м)	['rak]
alcoholismo (m)	**алкагалізм** (м)	[alkaɦa'lizm]
SIDA (m)	**СНІД** (м)	['snit]
fiebre (f)	**ліхаманка** (ж)	[liha'manka]
mareo (m)	**марская хвароба** (ж)	[mar'skaʲa hva'rɔba]
moradura (f)	**сіняк** (м)	[si'nʲak]
chichón (m)	**гуз** (м)	['ɦus]
cojear (vi)	**кульгаць**	[kulʲ'ɦaʦʲ]
dislocación (f)	**звіх** (м)	['zʲvih]
dislocar (vt)	**звіхнуць**	[zʲvih'nuʦʲ]
fractura (f)	**пералом** (м)	[pera'lɔm]
quemadura (f)	**апёк** (м)	[a'pʲok]
herida (f)	**пашкоджанне** (н)	[paʃ'kɔʤanne]
dolor (m)	**боль** (м)	['bɔlʲ]
dolor (m) de muelas	**зубны боль** (м)	[zub'nɨ 'bɔlʲ]
sudar (vi)	**пацець**	[pa'ʦeʦʲ]
sordo (adj)	**глухі**	[ɦlu'hi]

mudo (adj)	**нямы**	[nʲa'mɨ]
inmunidad (f)	**імунітэт** (м)	[imuni'tɛt]
virus (m)	**вірус** (м)	['virus]
microbio (m)	**мікроб** (м)	[mik'rɔp]
bacteria (f)	**бактэрыя** (ж)	[bak'tɛrɨʲa]
infección (f)	**інфекцыя** (ж)	[in'fektsɨʲa]
hospital (m)	**бальніца** (ж)	[balʲ'nitsa]
cura (f)	**лячэнне** (н)	[lʲa'tʃɛnne]
vacunar (vt)	**рабіць прышчэпку**	[ra'bitsʲ prɨ'ʃɕɛpku]
estar en coma	**быць у коме**	[bɨtsʲ u 'kɔme]
revitalización (f)	**рэанімацыя** (ж)	[rɛani'matsɨʲa]
síntoma (m)	**сімптом** (м)	[simp'tɔm]
pulso (m)	**пульс** (м)	['pulʲs]

6. Los sentimientos. Las emociones

yo	**я**	[ʲa]
tú	**ты**	[tɨ]
él	**ён**	[ʲon]
ella	**яна**	[ʲa'na]
ello	**яно**	[ʲa'nɔ]
nosotros, -as	**мы**	['mɨ]
vosotros, -as	**вы**	['vɨ]
ellos, ellas	**яны**	[ʲa'nɨ]
¡Hola! (fam.)	**Вітаю!**	[vi'taʉ]
¡Hola! (form.)	**Вітаю вас!**	[vi'taʉ vas]
¡Buenos días!	**Добрай раніцы!**	[dɔbraj 'ranitsɨ]
¡Buenas tardes!	**Добры дзень!**	[dɔbrɨ 'dzenʲ]
¡Buenas noches!	**Добры вечар!**	[dɔbrɨ 'vetʃar]
decir hola	**вітацца**	[vi'tatsa]
saludar (vt)	**вітаць**	[vi'tatsʲ]
¿Cómo estás?	**Як маецеся?**	[ʲak 'maetsesʲa]
¡Chau! ¡Adiós!	**Да пабачэння!**	[da paba'tʃɛnnʲa]
¡Hasta la vista! (form.)	**Да пабачэння!**	[da paba'tʃɛnnʲa]
¡Hasta la vista! (fam.)	**Бывай!**	[bɨ'vaj]
¡Gracias!	**Дзякуй!**	['dzʲakuj]
sentimientos (m pl)	**пачуцці** (н мн)	[pa'tʃutsi]
tener hambre	**хацець есці**	[ha'tsetsʲ 'esʲtsi]
tener sed	**хацець піць**	[ha'tsetsʲ 'pitsʲ]
cansado (adj)	**стомлены**	['stɔmlenɨ]
inquietarse (vr)	**непакоіцца**	[nepa'kɔitsa]
estar nervioso	**нервавацца**	[nerva'vatsa]
esperanza (f)	**надзея** (ж)	[na'dzeʲa]
esperar (tener esperanza)	**спадзявацца**	[spadzʲa'vatsa]

carácter (m)	**характар** (м)	[ha'raktar]
modesto (adj)	**сціплы**	['sʲtsiplɨ]
perezoso (adj)	**гультаяваты**	[ɦulʲtaʲa'vatɨ]
generoso (adj)	**шчодры**	['ʃɕɔdrɨ]
talentoso (adj)	**таленавіты**	[talena'vitɨ]
honesto (adj)	**сумленны**	[sum'lennɨ]
serio (adj)	**сур'ёзны**	[su'rʔʲoznɨ]
tímido (adj)	**нясмелы**	[nʲa'smelɨ]
sincero (adj)	**чыстасардэчны**	[ʧɨstasar'dɛʧnɨ]
cobarde (m)	**баязлівец** (м)	[baʲaz'livets]
dormir (vi)	**спаць**	['spatsʲ]
sueño (m) (dulces ~s)	**сон** (м)	['sɔn]
cama (f)	**ложак** (м)	['lɔʒak]
almohada (f)	**падушка** (ж)	[pa'duʃka]
insomnio (m)	**бяссонніца** (ж)	[bʲas'sɔnnitsa]
irse a la cama	**ісці спаць**	[is'tsi 'spatsʲ]
pesadilla (f)	**кашмар** (м)	[kaʃ'mar]
despertador (m)	**будзільнік** (м)	[bu'dzilʲnik]
sonrisa (f)	**усмешка** (ж)	[us'meʃka]
sonreír (vi)	**усміхацца**	[usmi'hatsa]
reírse (vr)	**смяяцца**	[smæ'ʲatsa]
disputa (f), riña (f)	**сварка** (ж)	['svarka]
insulto (m)	**абраза** (ж)	[ab'raza]
ofensa (f)	**крыўда** (ж)	['krɨwda]
enfadado (adj)	**злосны**	['zlɔsnɨ]

7. La ropa. Accesorios personales

ropa (f)	**адзенне** (н)	[a'dzenne]
abrigo (m)	**паліто** (н)	[pali'tɔ]
abrigo (m) de piel	**футра** (н)	['futra]
cazadora (f)	**куртка** (ж)	['kurtka]
impermeable (m)	**плашч** (м)	['plaʃɕ]
camisa (f)	**кашуля** (ж)	[ka'ʃulʲa]
pantalones (m pl)	**штаны** (мн)	[ʃta'nɨ]
chaqueta (f), saco (m)	**пінжак** (м)	[pin'ʒak]
traje (m)	**касцюм** (м)	[kas'tsʉm]
vestido (m)	**сукенка** (ж)	[su'kenka]
falda (f)	**спадніца** (ж)	[spad'nitsa]
camiseta (f) (T-shirt)	**футболка** (ж)	[fud'bɔlka]
bata (f) de baño	**халат** (м)	[ha'lat]
pijama (m)	**піжама** (ж)	[pi'ʒama]
ropa (f) de trabajo	**працоўнае адзенне** (н)	[pra'tsɔwnae a'dzenne]
ropa (f) interior	**бялізна** (ж)	[bʲa'lizna]

calcetines (m pl)	**шкарпэткі** (ж мн)	[ʃkar'pɛtki]
sostén (m)	**бюстгальтар** (м)	[bʉz'ɦalʲtar]
pantimedias (f pl)	**калготкі** (мн)	[kal'ɦɔtki]
medias (f pl)	**панчохі** (ж мн)	[pan'ʧɔhi]
traje (m) de baño	**купальнік** (м)	[ku'palʲnik]
gorro (m)	**шапка** (ж)	['ʃapka]
calzado (m)	**абутак** (м)	[a'butak]
botas (f pl) altas	**боты** (м мн)	['bɔtɨ]
tacón (m)	**абцас** (м)	[ap'ʦas]
cordón (m)	**шнурок** (м)	[ʃnu'rɔk]
betún (m)	**крэм** (м) **для абутку**	['krɛm dlʲa a'butku]
algodón (m)	**бавоўна** (ж)	[ba'vɔwna]
lana (f)	**шэрсць** (ж)	['ʃɛrsʦʲ]
piel (f) (~ de zorro, etc.)	**футра** (н)	['futra]
guantes (m pl)	**пальчаткі** (ж мн)	[palʲ'ʧatki]
manoplas (f pl)	**рукавіцы** (ж мн)	[ruka'viʦɨ]
bufanda (f)	**шалік** (м)	['ʃalik]
gafas (f pl)	**акуляры** (мн)	[aku'lʲarɨ]
paraguas (m)	**парасон** (м)	[para'sɔn]
corbata (f)	**гальштук** (м)	['ɦalʲʃtuk]
moquero (m)	**насоўка** (ж)	[na'sɔwka]
peine (m)	**грабянец** (м)	[ɦrabʲa'neʦ]
cepillo (m) de pelo	**шчотка** (ж) **для валасоў**	['ʃɕɔtka dlʲa vala'sɔw]
hebilla (f)	**спражка** (ж)	['spraʃka]
cinturón (m)	**пояс** (м)	['pɔʲas]
bolso (m)	**сумачка** (ж)	['sumaʧka]
cuello (m)	**каўнер** (м)	[kaw'ner]
bolsillo (m)	**кішэня** (ж)	[ki'ʃɛnʲa]
manga (f)	**рукаў** (м)	[ru'kaw]
bragueta (f)	**прарэх** (м)	[pra'rɛh]
cremallera (f)	**маланка** (ж)	[ma'lanka]
botón (m)	**гузік** (м)	['ɦuzik]
ensuciarse (vr)	**запэцкацца**	[za'pɛʦkaʦa]
mancha (f)	**пляма** (ж)	['plʲama]

8. La ciudad. Las instituciones urbanas

tienda (f)	**крама** (ж)	['krama]
centro (m) comercial	**гандлёвы цэнтр** (м)	[ɦand'lʲovɨ 'ʦɛntr]
supermercado (m)	**супермаркет** (м)	[super'market]
zapatería (f)	**абутковая крама** (ж)	[abut'kɔvaʲa 'krama]
librería (f)	**кнігарня** (ж)	[kni'ɦarnʲa]
farmacia (f)	**аптэка** (ж)	[ap'tɛka]
panadería (f)	**булачная** (ж)	['bulaʧnaʲa]

pastelería (f)	**кандытарская** (ж)	[kan'dɨtarskaʲa]
tienda (f) de comestibles	**бакалея** (ж)	[baka'leʲa]
carnicería (f)	**мясная крама** (ж)	[mʲas'naʲa 'krama]
verdulería (f)	**крама** (ж) **гароднiны**	['krama ɦa'rɔdninɨ]
mercado (m)	**рынак** (м)	['rɨnak]
peluquería (f)	**цырульня** (ж)	[ʦɨ'rulʲnʲa]
oficina (f) de correos	**пошта** (ж)	['pɔʃta]
tintorería (f)	**хiмчыстка** (ж)	[him'ʧɨstka]
circo (m)	**цырк** (м)	['ʦɨrk]
zoológico (m)	**заапарк** (м)	[zaa'park]
teatro (m)	**тэатр** (м)	[tɛ'atr]
cine (m)	**кiнатэатр** (м)	[kinatɛ'atr]
museo (m)	**музей** (м)	[mu'zej]
biblioteca (f)	**бiблiятэка** (ж)	[bibliʲa'tɛka]
mezquita (f)	**мячэць** (ж)	[mʲa'ʧɛʦʲ]
sinagoga (f)	**сiнагога** (ж)	[sina'ɦɔɦa]
catedral (f)	**сабор** (м)	[sa'bɔr]
templo (m)	**храм** (м)	['hram]
iglesia (f)	**царква** (ж)	[ʦark'va]
instituto (m)	**iнстытут** (м)	[instɨ'tut]
universidad (f)	**унiверсiтэт** (м)	[universi'tɛt]
escuela (f)	**школа** (ж)	['ʃkɔla]
hotel (m)	**гасцiнiца** (ж)	[ɦas'ʦiniʦa]
banco (m)	**банк** (м)	['bank]
embajada (f)	**пасольства** (н)	[pa'sɔlʲstva]
agencia (f) de viajes	**турагенцтва** (н)	[tura'ɦenʦtva]
metro (m)	**метро** (н)	[me'trɔ]
hospital (m)	**бальнiца** (ж)	[balʲ'niʦa]
gasolinera (f)	**бензазапраўка** (ж)	['benza za'prawka]
aparcamiento (m)	**аўтастаянка** (ж)	[awtasta'ʲanka]
ENTRADA	**УВАХОД**	[uva'hɔt]
SALIDA	**ВЫХАД**	['vɨhat]
EMPUJAR	**АД СЯБЕ**	[at sʲa'be]
TIRAR	**НА СЯБЕ**	[na sʲa'be]
ABIERTO	**АДЧЫНЕНА**	[a'ʧɨnena]
CERRADO	**ЗАЧЫНЕНА**	[za'ʧɨnena]
monumento (m)	**помнiк** (м)	['pɔmnik]
fortaleza (f)	**крэпасць** (ж)	['krɛpasʦʲ]
palacio (m)	**палац** (м)	[pa'laʦ]
medieval (adj)	**сярэдневяковы**	[sʲarɛdnevʲa'kɔvɨ]
antiguo (adj)	**старадаўнi**	[stara'dawni]
nacional (adj)	**нацыянальны**	[naʦɨʲa'nalʲnɨ]
conocido (adj)	**вядомы**	[vʲa'dɔmɨ]

9. El dinero. Las finanzas

dinero (m)	**грошы** (мн)	['ɦrɔʃɨ]
moneda (f)	**манета** (ж)	[ma'neta]
dólar (m)	**долар** (м)	['dɔlar]
euro (m)	**еўра** (м)	['ewra]
cajero (m) automático	**банкамат** (м)	[banka'mat]
oficina (f) de cambio	**абменны пункт** (м)	[ab'mennɨ 'punkt]
curso (m)	**курс** (м)	['kurs]
dinero (m) en efectivo	**гатоўка** (ж)	[ɦa'tɔwka]
¿Cuánto?	**Колькі?**	['kɔlʲki]
pagar (vi, vt)	**плаціць**	[pla'ʦiʦʲ]
pago (m)	**аплата** (ж)	[a'plata]
cambio (m) (devolver el ~)	**рэшта** (ж)	['rɛʃta]
precio (m)	**цана** (ж)	[ʦa'na]
descuento (m)	**скідка** (ж)	['skitka]
barato (adj)	**танны**	['tannɨ]
caro (adj)	**дарагі**	[dara'ɦi]
banco (m)	**банк** (м)	['bank]
cuenta (f)	**рахунак** (м)	[ra'hunak]
tarjeta (f) de crédito	**крэдытная картка** (ж)	[krɛ'dɨtnaʲa 'kartka]
cheque (m)	**чэк** (м)	['ʧɛk]
sacar un cheque	**выпісаць чэк**	['vɨpisaʦʲ 'ʧɛk]
talonario (m)	**чэкавая кніжка** (ж)	['ʧɛkavaʲa 'kniʃka]
deuda (f)	**доўг** (м)	['dɔwɦ]
deudor (m)	**даўжнік** (м)	[dawʒ'nik]
prestar (vt)	**даць у доўг**	['daʦʲ u 'dɔwɦ]
tomar prestado	**узяць у доўг**	[u'zʲaʦʲ u 'dɔwɦ]
alquilar (vt)	**узяць напракат**	[u'zʲaʦʲ napra'kat]
a crédito (adv)	**у крэдыт**	[u krɛ'dɨt]
cartera (f)	**бумажнік** (м)	[bu'maʒnik]
caja (f) fuerte	**сейф** (м)	['sejf]
herencia (f)	**спадчына** (ж)	['spaʧɨna]
fortuna (f)	**маёмасць** (ж)	['maʲomasʦʲ]
impuesto (m)	**падатак** (м)	[pa'datak]
multa (f)	**штраф** (м)	['ʃtraf]
multar (vt)	**штрафаваць**	[ʃtrafa'vaʦʲ]
al por mayor (adj)	**аптовы**	[ap'tɔvɨ]
al por menor (adj)	**рознічны**	['rɔzʲniʧnɨ]
asegurar (vt)	**страхаваць**	[straha'vaʦʲ]
seguro (m)	**страхоўка** (ж)	[stra'hɔwka]
capital (m)	**капітал** (м)	[kapi'tal]
volumen (m) de negocio	**абарот** (м)	[aba'rɔt]

acción (f)	**акцыя** (ж)	['aktsɨʲa]
beneficio (m)	**прыбытак** (м)	[prɨ'bɨtak]
beneficioso (adj)	**прыбытковы**	[prɨbɨt'kɔvɨ]
crisis (f)	**крызіс** (м)	['krɨzis]
bancarrota (f)	**банкруцтва** (н)	[bank'rutstva]
ir a la bancarrota	**збанкрутаваць**	[zbankruta'vatsʲ]
contable (m)	**бухгалтар** (м)	[buh'ɦaltar]
salario (m)	**заработная плата** (ж)	[zara'bɔtnaʲa 'plata]
premio (m)	**прэмія** (ж)	['prɛmiʲa]

10. El transporte

autobús (m)	**аўтобус** (м)	[aw'tɔbus]
tranvía (m)	**трамвай** (м)	[tram'vaj]
trolebús (m)	**тралейбус** (м)	[tra'lejbus]
ir en …	**ехаць на …**	['ehatsʲ na …]
tomar (~ el autobús)	**сесці**	['sesʲtsi]
bajar (~ del tren)	**сысці з …**	[sɨs'tsi z …]
parada (f)	**прыпынак** (м)	[prɨ'pɨnak]
parada (f) final	**канцавы прыпынак** (м)	[kantsa'vɨ prɨ'pɨnak]
horario (m)	**расклад** (м)	[ras'klat]
billete (m)	**білет** (м)	[bi'let]
llegar tarde (vi)	**спазняцца**	[spazʲ'nʲatsa]
taxi (m)	**таксі** (н)	[tak'si]
en taxi	**на таксі**	[na tak'si]
parada (f) de taxi	**стаянка** (ж) **таксі**	[sta'ʲanka tak'si]
tráfico (m)	**вулічны рух** (м)	['vulitʃnɨ 'ruh]
horas (f pl) de punta	**час** (м) **пік**	['tʃas 'pik]
aparcar (vi)	**паркавацца**	[parka'vatsa]
metro (m)	**метро** (н)	[me'trɔ]
estación (f)	**станцыя** (ж)	['stantsɨʲa]
tren (m)	**цягнік** (м)	[tsʲaɦ'nik]
estación (f)	**вакзал** (м)	[vaɦ'zal]
rieles (m pl)	**рэйкі** (ж мн)	['rɛjki]
compartimiento (m)	**купэ** (н)	[ku'pɛ]
litera (f)	**лаўка** (ж)	['lawka]
avión (m)	**самалёт** (м)	[sama'lʲot]
billete (m) de avión	**авіябілет** (м)	[aviʲabi'let]
compañía (f) aérea	**авіякампанія** (ж)	[aviʲakam'paniʲa]
aeropuerto (m)	**аэрапорт** (м)	[aɛra'pɔrt]
vuelo (m)	**палёт** (м)	[pa'lʲot]
equipaje (m)	**багаж** (м)	[ba'ɦaʃ]

carrito (m) de equipaje	**каляска** (ж) **для багажу**	[ka'lʲaska dlʲa baɦaʒu]
barco, buque (m)	**карабель** (м)	[kara'belʲ]
trasatlántico (m)	**лайнер** (м)	['lajner]
yate (m)	**яхта** (ж)	['ʲahta]
bote (m) de remo	**лодка** (ж)	['lɔtka]
capitán (m)	**капітан** (м)	[kapi'tan]
camarote (m)	**каюта** (ж)	[ka'ʉta]
puerto (m)	**порт** (м)	['pɔrt]
bicicleta (f)	**веласіпед** (м)	[velasi'pet]
scooter (m)	**мотаролер** (м)	[mɔta'rɔler]
motocicleta (f)	**матацыкл** (м)	[mata'ʦɨkl]
pedal (m)	**педаль** (ж)	[pe'dalʲ]
bomba (f)	**помпа** (ж)	['pɔmpa]
rueda (f)	**кола** (н)	['kɔla]
coche (m)	**аўтамабіль** (м)	[awtama'bilʲ]
ambulancia (f)	**хуткая дапамога** (ж)	[hutkaʲa dapa'mɔɦa]
camión (m)	**грузавік** (м)	[ɦruza'vik]
de ocasión (adj)	**ужываны**	[uʒɨ'vanɨ]
accidente (m)	**аварыя** (ж)	[a'varɨʲa]
reparación (f)	**рамонт** (м)	[ra'mɔnt]

11. La comida. Unidad 1

carne (f)	**мяса** (н)	['mʲasa]
gallina (f)	**курыца** (ж)	['kurɨʦa]
pato (m)	**качка** (ж)	['katʃka]
carne (f) de cerdo	**свініна** (ж)	[svi'nina]
carne (f) de ternera	**цяляціна** (ж)	[ʦʲa'lʲaʦina]
carne (f) de carnero	**бараніна** (ж)	[ba'ranina]
carne (f) de vaca	**ялавічына** (ж)	['ʲalavitʃɨna]
salchichón (m)	**каўбаса** (ж)	[kawba'sa]
huevo (m)	**яйка** (н)	['ʲajka]
pescado (m)	**рыба** (ж)	['rɨba]
queso (m)	**сыр** (м)	['sɨr]
azúcar (m)	**цукар** (м)	['ʦukar]
sal (f)	**соль** (ж)	['sɔlʲ]
arroz (m)	**рыс** (м)	['rɨs]
macarrones (m pl)	**макарона** (ж)	[maka'rɔna]
mantequilla (f)	**масла** (н)	['masla]
aceite (m) vegetal	**алей** (м)	[a'lej]
pan (m)	**хлеб** (м)	['hlep]
chocolate (m)	**шакалад** (м)	[ʃaka'lat]
vino (m)	**віно** (н)	[vi'nɔ]
café (m)	**кава** (ж)	['kava]

leche (f)	**малако** (н)	[mala'kɔ]
zumo (m), jugo (m)	**сок** (м)	['sɔk]
cerveza (f)	**піва** (н)	['piva]
té (m)	**чай** (м)	['ʧaj]
tomate (m)	**памідор** (м)	[pami'dɔr]
pepino (m)	**агурок** (м)	[aɦu'rɔk]
zanahoria (f)	**морква** (ж)	['mɔrkva]
patata (f)	**бульба** (ж)	['bulʲba]
cebolla (f)	**цыбуля** (ж)	[ʦɨ'bulʲa]
ajo (m)	**часнок** (м)	[ʧas'nɔk]
col (f)	**капуста** (ж)	[ka'pusta]
remolacha (f)	**бурак** (м)	[bu'rak]
berenjena (f)	**баклажан** (м)	[bakla'ʒan]
eneldo (m)	**кроп** (м)	['krɔp]
lechuga (f)	**салата** (ж)	[sa'lata]
maíz (m)	**кукуруза** (ж)	[kuku'ruza]
fruto (m)	**фрукт** (м)	['frukt]
manzana (f)	**яблык** (м)	['ʲablɨk]
pera (f)	**груша** (ж)	['ɦruʃa]
limón (m)	**лімон** (м)	[li'mɔn]
naranja (f)	**апельсін** (м)	[apelʲ'sin]
fresa (f)	**клубніцы** (ж мн)	[klub'niʦɨ]
ciruela (f)	**сліва** (ж)	['sliva]
frambuesa (f)	**маліны** (ж мн)	[ma'linɨ]
piña (f)	**ананас** (м)	[ana'nas]
banana (f)	**банан** (м)	[ba'nan]
sandía (f)	**кавун** (м)	[ka'vun]
uva (f)	**вінаград** (м)	[vina'ɦrat]
melón (m)	**дыня** (ж)	['dɨnʲa]

12. La comida. Unidad 2

cocina (f)	**кухня** (ж)	['kuhnʲa]
receta (f)	**рэцэпт** (м)	[rɛ'ʦɛpt]
comida (f)	**ежа** (ж)	['eʒa]
desayunar (vi)	**снедаць**	['snedaʦʲ]
almorzar (vi)	**абедаць**	[a'bedaʦʲ]
cenar (vi)	**вячэраць**	[vʲa'ʧɛraʦʲ]
sabor (m)	**смак** (м)	['smak]
sabroso (adj)	**смачны**	['smaʧnɨ]
frío (adj)	**халодны**	[ha'lɔdnɨ]
caliente (adj)	**гарачы**	[ɦa'raʧɨ]
azucarado, dulce (adj)	**салодкі**	[sa'lɔtki]
salado (adj)	**салёны**	[sa'lʲɔnɨ]

bocadillo (m)	**бутэрброд** (м)	[butɛr'brɔt]
guarnición (f)	**гарнір** (м)	[ɦar'nir]
relleno (m)	**начынка** (ж)	[na'ʧɨnka]
salsa (f)	**соус** (м)	['sɔus]
pedazo (m)	**кавалак** (м)	[ka'valak]
dieta (f)	**дыета** (ж)	[dɨ'eta]
vitamina (f)	**вітамін** (м)	[vita'min]
caloría (f)	**калорыя** (ж)	[ka'lɔrɨʲa]
vegetariano (m)	**вегетарыянец** (м)	[veɦetarɨ'ʲanets]
restaurante (m)	**рэстаран** (м)	[rɛsta'ran]
cafetería (f)	**кавярня** (ж)	[ka'vʲarnʲa]
apetito (m)	**апетыт** (м)	[ape'tɨt]
¡Que aproveche!	**Смачна есці!**	[smatʃna 'esʲtsi]
camarero (m)	**афіцыянт** (м)	[afitsɨ'ʲant]
camarera (f)	**афіцыянтка** (ж)	[afitsɨ'ʲantka]
barman (m)	**бармэн** (м)	[bar'mɛn]
carta (f), menú (m)	**меню** (н)	[me'nʉ]
cuchara (f)	**лыжка** (ж)	['lɨʃka]
cuchillo (m)	**нож** (м)	['nɔʃ]
tenedor (m)	**відэлец** (м)	[vi'dɛlets]
taza (f)	**кубак** (м)	['kubak]
plato (m)	**талерка** (ж)	[ta'lerka]
platillo (m)	**сподак** (м)	['spɔdak]
servilleta (f)	**сурвэтка** (ж)	[sur'vɛtka]
mondadientes (m)	**зубачыстка** (ж)	[zuba'ʧɨstka]
pedir (vt)	**заказаць**	[zaka'zatsʲ]
plato (m)	**страва** (ж)	['strava]
porción (f)	**порцыя** (ж)	['pɔrtsɨʲa]
entremés (m)	**закуска** (ж)	[za'kuska]
ensalada (f)	**салата** (ж)	[sa'lata]
sopa (f)	**суп** (м)	['sup]
postre (m)	**дэсерт** (м)	[dɛ'sert]
confitura (f)	**варэнне** (н)	[va'rɛnne]
helado (m)	**марожанае** (н)	[ma'rɔʒanae]
cuenta (f)	**рахунак** (м)	[ra'hunak]
pagar la cuenta	**аплаціць рахунак**	[apla'tsitsʲ ra'hunak]
propina (f)	**чаявыя** (мн)	[ʧaʲa'vɨʲa]

13. La casa. El apartamento. Unidad 1

casa (f)	**дом** (м)	['dɔm]
casa (f) de campo	**загарадны дом** (м)	['zaɦaradnɨ 'dɔm]
villa (f)	**віла** (ж)	['vila]

piso (m), planta (f)	**паверх** (м)	[pa'verh]
entrada (f)	**пад'езд** (м)	[pad''est]
pared (f)	**сцяна** (ж)	[sts'a'na]
techo (m)	**дах** (м)	['dah]
chimenea (f)	**комін** (м)	['kɔmin]
desván (m)	**гарышча** (н)	[ɦa'rɨʃɕa]
ventana (f)	**акно** (н)	[ak'nɔ]
alféizar (m)	**падаконнік** (м)	[pada'kɔnnik]
balcón (m)	**балкон** (м)	[bal'kɔn]
escalera (f)	**лесвіца** (ж)	['lesvitsa]
buzón (m)	**паштовая скрынка** (ж)	[paʃ'tɔva'a 'skrɨnka]
contenedor (m) de basura	**бак** (м) **для смецця**	[baɦ dl'a 'smets'a]
ascensor (m)	**ліфт** (м)	['lift]
electricidad (f)	**электрычнасць** (ж)	[ɛlekt'rɨʧnasts']
bombilla (f)	**лямпачка** (ж)	['l'ampaʧka]
interruptor (m)	**выключальнік** (м)	[vɨklʉ'ʧal'nik]
enchufe (m)	**разетка** (ж)	[ra'zetka]
fusible (m)	**засцерагальнік** (м)	[zas'tsera'ɦal'nik]
puerta (f)	**дзверы** (мн)	[ʣj'verɨ]
tirador (m)	**ручка** (ж)	['ruʧka]
llave (f)	**ключ** (м)	['klʉʧ]
felpudo (m)	**дыванок** (м)	[dɨva'nɔk]
cerradura (f)	**замок** (м)	[za'mɔk]
timbre (m)	**званок** (м)	[zva'nɔk]
toque (m) a la puerta	**стук** (м)	['stuk]
tocar la puerta	**стукаць**	['stukats']
mirilla (f)	**вочка** (н)	['vɔʧka]
patio (m)	**двор** (м)	['dvɔr]
jardín (m)	**сад** (м)	['sat]
piscina (f)	**басейн** (м)	[ba'sejn]
gimnasio (m)	**спартыўная зала** (ж)	[spar'tɨwna'a 'zala]
cancha (f) de tenis	**тэнісны корт** (м)	['tɛnisnɨ 'kɔrt]
garaje (m)	**гараж** (м)	[ɦa'raʃ]
propiedad (f) privada	**прыватная ўласнасць** (ж)	[prɨ'vatna'a u'lasnasts']
letrero (m) de aviso	**папераджальны надпіс** (м)	[papera'ʤal'nɨ 'natpis]
seguridad (f)	**ахова** (ж)	[a'hɔva]
guardia (m) de seguridad	**ахоўнік** (м)	[a'hɔwnik]
renovación (f)	**рамонт** (м)	[ra'mɔnt]
renovar (vt)	**рабіць рамонт**	[ra'bits' ra'mɔnt]
poner en orden	**прыводзіць у парадак**	[prɨ'vɔʣits' u pa'radak]
pintar (las paredes)	**фарбаваць**	[farba'vats']
empapelado (m)	**шпалеры** (ж мн)	[ʃpa'lerɨ]

cubrir con barniz	**пакрываць лакам**	[pakrɨ'vats^j 'lakam]
tubo (m)	**труба** (ж)	[tru'ba]
instrumentos (m pl)	**інструменты** (м мн)	[instru'mentɨ]
sótano (m)	**падвал** (м)	[pad'val]
alcantarillado (m)	**каналізацыя** (ж)	[kanali'zatsɨ^ja]

14. La casa. El apartamento. Unidad 2

apartamento (m)	**кватэра** (ж)	[kva'tɛra]
habitación (f)	**пакой** (м)	[pa'kɔj]
dormitorio (m)	**спальня** (ж)	['spal^jn^ja]
comedor (m)	**сталоўка** (ж)	[sta'lɔwka]
salón (m)	**гасцёўня** (ж)	[ɦas'ts^jown^ja]
despacho (m)	**кабінет** (м)	[kabi'net]
antecámara (f)	**вітальня** (ж)	[vi'tal^jn^ja]
cuarto (m) de baño	**ванны пакой** (м)	['vannɨ pa'kɔj]
servicio (m)	**прыбіральня** (ж)	[prɨbi'ral^jn^ja]
suelo (m)	**падлога** (ж)	[pad'lɔɦa]
techo (m)	**столь** (ж)	['stɔl^j]
limpiar el polvo	**выціраць пыл**	[vɨtsi'rats^j 'pɨl]
aspirador (m), aspiradora (f)	**пыласос** (м)	[pɨla'sɔs]
limpiar con la aspiradora	**пыласосіць**	[pɨla'sɔsits^j]
fregona (f)	**швабра** (ж)	['ʃvabra]
trapo (m)	**ануча** (ж)	[a'nutʃa]
escoba (f)	**венік** (м)	['venik]
cogedor (m)	**шуфлік** (м) **для смецця**	['ʃuflik dl^ja 'smets^ja]
muebles (m pl)	**мэбля** (ж)	['mɛbl^ja]
mesa (f)	**стол** (м)	['stɔl]
silla (f)	**крэсла** (н)	['krɛsla]
sillón (m)	**фатэль** (м)	[fa'tɛl^j]
librería (f)	**шафа** (ж)	['ʃafa]
estante (m)	**паліца** (ж)	[pa'litsa]
armario (m)	**шафа** (ж)	['ʃafa]
espejo (m)	**люстэрка** (н)	[lʉs'tɛrka]
tapiz (m)	**дыван** (м)	[dɨ'van]
chimenea (f)	**камін** (м)	[ka'min]
cortinas (f pl)	**шторы** (мн)	['ʃtɔrɨ]
lámpara (f) de mesa	**настольная лямпа** (ж)	[na'stɔl^jna^ja 'l^jampa]
lámpara (f) de araña	**люстра** (ж)	['lʉstra]
cocina (f)	**кухня** (ж)	['kuhn^ja]
cocina (f) de gas	**пліта** (ж) **газавая**	[pli'ta 'ɦazava^ja]
cocina (f) eléctrica	**пліта** (ж) **электрычная**	[pli'ta ɛlekt'rɨtʃna^ja]
horno (m) microondas	**мікрахвалевая печ** (ж)	[mikra'hvaleva^ja 'petʃ]

frigorífico (m)	**халадзільнік** (м)	[hala'dzilʲnik]
congelador (m)	**маразілка** (ж)	[mara'zilka]
lavavajillas (m)	**пасудамыечная машына** (ж)	[pasuda'mɨetʃnaʲa ma'ʃɨna]
grifo (m)	**кран** (м)	['kran]
picadora (f) de carne	**мясарубка** (ж)	[mʲasa'rupka]
exprimidor (m)	**сокавыціскалка** (ж)	[sɔkavɨtsi'skalka]
tostador (m)	**тостэр** (м)	['tɔstɛr]
batidora (f)	**міксер** (м)	['mikser]
cafetera (f) (aparato de cocina)	**кававарка** (ж)	[kava'varka]
hervidor (m) de agua	**чайнік** (м)	['tʃajnik]
tetera (f)	**імбрычак** (м)	[im'brɨtʃak]
televisor (m)	**тэлевізар** (м)	[tɛle'vizar]
vídeo (m)	**відэамагнітафон** (м)	['vidɛa maɦnita'fɔn]
plancha (f)	**прас** (м)	['pras]
teléfono (m)	**тэлефон** (м)	[tɛle'fɔn]

15. Los trabajos. El estatus social

director (m)	**дырэктар** (м)	[dɨ'rɛktar]
superior (m)	**начальнік** (м)	[na'tʃalʲnik]
presidente (m)	**прэзідэнт** (м)	[prɛzi'dɛnt]
asistente (m)	**памочнік** (м)	[pa'mɔtʃnik]
secretario, -a (m, f)	**сакратар** (м)	[sakra'tar]
propietario (m)	**уладальнік** (м)	[ula'dalʲnik]
socio (m)	**партнёр** (м)	[part'nʲor]
accionista (m)	**акцыянер** (м)	[aktsɨʲa'ner]
hombre (m) de negocios	**бізнэсмен** (м)	[biznɛs'men]
millonario (m)	**мільянер** (м)	[milʲa'ner]
multimillonario (m)	**мільярдэр** (м)	[milʲar'dɛr]
actor (m)	**акцёр** (м)	[ak'tsʲor]
arquitecto (m)	**архітэктар** (м)	[arhi'tɛktar]
banquero (m)	**банкір** (м)	[ban'kir]
broker (m)	**брокер** (м)	['brɔker]
veterinario (m)	**ветэрынар** (м)	[vetɛrɨ'nar]
médico (m)	**урач** (м)	[u'ratʃ]
camarera (f)	**пакаёўка** (ж)	[paka'ʲowka]
diseñador (m)	**дызайнер** (м)	[dɨ'zajner]
corresponsal (m)	**карэспандэнт** (м)	[karɛspan'dɛnt]
repartidor (m)	**кур'ер** (м)	[kur'ʔer]
electricista (m)	**электрык** (м)	[ɛ'lektrɨk]
músico (m)	**музыка** (м)	[mu'zɨka]

niñera (f)	**нянька** (ж)	['nʲanʲka]
peluquero (m)	**цырульнік** (м)	[ʦɨ'rulʲnik]
pastor (m)	**пастух** (м)	[pas'tuh]
cantante (m)	**спявак** (м)	[spʲa'vak]
traductor (m)	**перакладчык** (м)	[pera'klaʧɨk]
escritor (m)	**пісьменнік** (м)	[pisʲ'mennik]
carpintero (m)	**цясляр** (м)	[ʦʲas'lʲar]
cocinero (m)	**повар** (м)	['pɔvar]
bombero (m)	**пажарны** (м)	[pa'ʒarnɨ]
policía (m)	**паліцэйскі** (м)	[pali'ʦɛjski]
cartero (m)	**паштальён** (м)	[paʃta'ljɔn]
programador (m)	**праграміст** (м)	[praɦra'mist]
vendedor (m)	**прадавец** (м)	[prada'veʦ]
obrero (m)	**рабочы** (м)	[ra'bɔʧɨ]
jardinero (m)	**садоўнік** (м)	[sa'dɔwnik]
fontanero (m)	**сантэхнік** (м)	[san'tɛhnik]
dentista (m)	**стаматолаг** (м)	[stama'tɔlaɦ]
azafata (f)	**сцюардэса** (ж)	[sʲʦʉar'dɛsa]
bailarín (m)	**танцор** (м)	[tan'ʦɔr]
guardaespaldas (m)	**целаахоўнік** (м)	[ʦelaa'hɔwnik]
científico (m)	**навуковец** (м)	[navu'kɔveʦ]
profesor (m) (~ de baile, etc.)	**настаўнік** (м)	[na'stawnik]
granjero (m)	**фермер** (м)	['fermer]
cirujano (m)	**хірург** (м)	[hi'rurɦ]
minero (m)	**шахцёр** (м)	[ʃah'ʦʲor]
jefe (m) de cocina	**шэф-повар** (м)	[ʃɛf'pɔvar]
chofer (m)	**шафёр** (м)	[ʃa'fʲor]

16. Los deportes

tipo (m) de deporte	**від** (м) **спорту**	['vit 'spɔrtu]
fútbol (m)	**футбол** (м)	[fud'bɔl]
hockey (m)	**хакей** (м)	[ha'kej]
baloncesto (m)	**баскетбол** (м)	[basked'bɔl]
béisbol (m)	**бейсбол** (м)	[bejz'bɔl]
voleibol (m)	**валейбол** (м)	[valej'bɔl]
boxeo (m)	**бокс** (м)	['bɔks]
lucha (f)	**барацьба** (ж)	[baraʣj'ba]
tenis (m)	**тэніс** (м)	['tɛnis]
natación (f)	**плаванне** (н)	['plavanne]
ajedrez (m)	**шахматы** (мн)	['ʃahmatɨ]
carrera (f)	**бег** (м)	['beɦ]

atletismo (m)	**лёгкая атлетыка** (ж)	['lʲoɦkaʲa at'letɨka]
patinaje (m) artístico	**фігурнае катанне** (н)	[fi'ɦurnae ka'tanne]
ciclismo (m)	**веласпорт** (м)	[vela'spɔrt]
billar (m)	**більярд** (м)	[bi'ljart]
culturismo (m)	**бодыбілдынг** (м)	[bɔdɨ'bildɨnɦ]
golf (m)	**гольф** (м)	['ɦɔlʲf]
buceo (m)	**дайвінг** (м)	['dajvinɦ]
vela (f)	**парусны спорт** (м)	['parusnɨ 'spɔrt]
tiro (m) con arco	**стральба** (ж) **з лука**	[stralʲ'ba z 'luka]
tiempo (m)	**тайм** (м)	['tajm]
descanso (m)	**перапынак** (м)	[pera'pɨnak]
empate (m)	**нічыя** (ж)	[niʧɨ'ʲa]
empatar (vi)	**згуляць унічыю**	[zɦu'lʲaʦʲ uniʧɨ'ʉ]
cinta (f) de correr	**бегавая дарожка** (ж)	[beɦa'vaʲa da'rɔʃka]
jugador (m)	**гулец** (м)	[ɦu'leʦ]
reserva (m)	**запасны гулец** (м)	[zapas'nɨ ɦu'leʦ]
banquillo (m) de reserva	**лаўка** (ж) **запасных**	['lawka zapas'nɨh]
match (m)	**матч** (м)	['maʧ]
puerta (f)	**вароты** (мн)	[va'rɔtɨ]
portero (m)	**варатар** (м)	[vara'tar]
gol (m)	**гол** (м)	['ɦɔl]
Juegos (m pl) Olímpicos	**Алімпійскія гульні** (ж мн)	[alim'pijskiʲa 'ɦulʲni]
establecer un record	**ставіць рэкорд**	['staviʦʲ rɛ'kɔrt]
final (m)	**фінал** (м)	[fi'nal]
campeón (m)	**чэмпіён** (м)	[ʧɛmpi'ʲon]
campeonato (m)	**чэмпіянат** (м)	[ʧɛmpiʲa'nat]
vencedor (m)	**пераможца** (м)	[pera'mɔʃʦa]
victoria (f)	**перамога** (ж)	[pera'mɔɦa]
ganar (vi)	**выйграць**	['vijɦraʦʲ]
perder (vi)	**прайграць**	[praj'ɦraʦʲ]
medalla (f)	**медаль** (м)	[me'dalʲ]
primer puesto (m)	**першае месца** (н)	['perʃae 'mesʦa]
segundo puesto (m)	**другое месца** (н)	[dru'ɦɔe 'mesʦa]
tercer puesto (m)	**трэцяе месца** (н)	['trɛʦʲae 'mesʦa]
estadio (m)	**стадыён** (м)	[stadɨ'ʲon]
hincha (m)	**заўзятар** (м)	[zaw'zʲatar]
entrenador (m)	**трэнер** (м)	['trɛner]
entrenamiento (m)	**трэніроўка** (ж)	[trɛni'rɔwka]

17. Los idiomas extranjeros. La ortografía

lengua (f)	**мова** (ж)	['mɔva]
estudiar (vt)	**вывучаць**	[vɨvu'ʧaʦʲ]

pronunciación (f)	**вымаўленне** (н)	[vɨmaw'lenne]
acento (m)	**акцэнт** (м)	[ak'ʦɛnt]
sustantivo (m)	**назоўнік** (м)	[na'zɔwnik]
adjetivo (m)	**прыметнік** (м)	[prɨ'metnik]
verbo (m)	**дзеяслоў** (м)	[ʣeʲa'slɔw]
adverbio (m)	**прыслоўе** (н)	[prɨ'slɔwe]
pronombre (m)	**займеннік** (м)	[zaj'mennik]
interjección (f)	**выклічнік** (м)	[vɨk'litʃnik]
preposición (f)	**прыназоўнік** (м)	[prɨna'zɔwnik]
raíz (f), radical (m)	**корань** (м) **слова**	['kɔranʲ 'slɔva]
desinencia (f)	**канчатак** (м)	[kan'ʧatak]
prefijo (m)	**прыстаўка** (ж)	[prɨ'stawka]
sílaba (f)	**склад** (м)	['sklat]
sufijo (m)	**суфікс** (м)	['sufiks]
acento (m)	**націск** (м)	['naʦisk]
punto (m)	**кропка** (ж)	['krɔpka]
coma (m)	**коска** (ж)	['kɔska]
dos puntos (m pl)	**двукроп'е** (н)	[dvu'krɔpˀe]
puntos (m pl) suspensivos	**шматкроп'е** (н)	[ʃmat'krɔpˀe]
pregunta (f)	**пытанне** (н)	[pɨ'tanne]
signo (m) de interrogación	**пытальнік** (м)	[pɨ'talʲnik]
signo (m) de admiración	**клічнік** (м)	['kliʧnik]
entre comillas	**у двукоссі**	[u dvu'kɔssi]
entre paréntesis	**у дужках**	[u 'duʃkah]
letra (f)	**літара** (ж)	['litara]
letra (f) mayúscula	**вялікая літара** (ж)	[vʲa'likaʲa 'litara]
oración (f)	**сказ** (м)	['skas]
combinación (f) de palabras	**словазлучэнне** (н)	[slɔvazlu'ʧɛnne]
expresión (f)	**выраз** (м)	['vɨras]
sujeto (m)	**дзейнік** (м)	['ʣejnik]
predicado (m)	**выказнік** (м)	[vɨ'kazʲnik]
línea (f)	**радок** (м)	[ra'dɔk]
párrafo (m)	**абзац** (м)	[ab'zaʦ]
sinónimo (m)	**сінонім** (м)	[si'nɔnim]
antónimo (m)	**антонім** (м)	[an'tɔnim]
excepción (f)	**выключэнне** (н)	[viklʉ'ʧɛnne]
subrayar (vt)	**падкрэсліць**	[pat'krɛsliʦʲ]
reglas (f pl)	**правілы** (н мн)	['pravilɨ]
gramática (f)	**граматыка** (ж)	[ɦra'matɨka]
vocabulario (m)	**лексіка** (ж)	['leksika]
fonética (f)	**фанетыка** (ж)	[fa'netɨka]

alfabeto (m)	**алфавіт** (м)	[alfa'vit]
manual (m)	**падручнік** (м)	[pad'rutʃnik]
diccionario (m)	**слоўнік** (м)	['slɔwnik]
guía (f) de conversación	**размоўнік** (м)	[raz'mɔwnik]
palabra (f)	**слова** (н)	['slɔva]
significado (m)	**сэнс** (м)	['sɛns]
memoria (f)	**памяць** (ж)	['pamʲatsʲ]

18. La Tierra. La geografía

Tierra (f)	**Зямля** (ж)	[zʲam'lʲa]
globo (m) terrestre	**зямны шар** (м)	[zʲam'nɨ 'ʃar]
planeta (m)	**планета** (ж)	[pla'neta]
geografía (f)	**геаграфія** (ж)	[ɦea'ɦrafiʲa]
naturaleza (f)	**прырода** (ж)	[prɨ'rɔda]
mapa (m)	**карта** (ж)	['karta]
atlas (m)	**атлас** (м)	[at'las]
en el norte	**на поўначы**	[na 'pɔwnatʃɨ]
en el sur	**на поўдні**	[na 'pɔwdni]
en el oeste	**на захадзе**	[na 'zahadze]
en el este	**на ўсходзе**	[na w'shɔdze]
mar (m)	**мора** (н)	['mɔra]
océano (m)	**акіян** (м)	[aki'ʲan]
golfo (m)	**заліў** (м)	[za'liw]
estrecho (m)	**праліў** (м)	[pra'liw]
continente (m)	**мацярык** (м)	[matsʲa'rɨk]
isla (f)	**востраў** (м)	['vɔstraw]
península (f)	**паўвостраў** (м)	[paw'vɔstraw]
archipiélago (m)	**архіпелаг** (м)	[arhipe'laɦ]
ensenada, bahía (f)	**гавань** (ж)	['ɦavanʲ]
arrecife (m) de coral	**каралавы рыф** (м)	[ka'ralavɨ 'rɨf]
orilla (f)	**бераг** (м)	['beraɦ]
costa (f)	**узбярэжжа** (н)	[uzbʲa'rɛʐa]
flujo (m)	**прыліў** (м)	[prɨ'liw]
reflujo (m)	**адліў** (м)	[ad'liw]
latitud (f)	**шырата** (ж)	[ʃɨra'ta]
longitud (f)	**даўгата** (ж)	[dawɦa'ta]
paralelo (m)	**паралель** (ж)	[para'lelʲ]
ecuador (m)	**экватар** (м)	[ɛk'vatar]
cielo (m)	**неба** (н)	['neba]
horizonte (m)	**гарызонт** (м)	[ɦarɨ'zɔnt]

atmósfera (f)	**атмасфера** (ж)	[atma'sfera]
montaña (f)	**гара** (ж)	[ɦa'ra]
cima (f)	**вяршыня** (ж)	[vʲar'ʃinʲa]
roca (f)	**скала** (ж)	[ska'la]
colina (f)	**узгорак** (м)	[uz'ɦɔrak]
volcán (m)	**вулкан** (м)	[vul'kan]
glaciar (m)	**ледавік** (м)	[leda'vik]
cascada (f)	**вадаспад** (м)	[vada'spat]
llanura (f)	**раўніна** (ж)	[raw'nina]
río (m)	**рака** (ж)	[ra'ka]
manantial (m)	**крыніца** (ж)	[krɨ'nitsa]
ribera (f)	**бераг** (м)	['beraɦ]
río abajo (adv)	**уніз па цячэнню**	[u'nis pa tsʲa'tʃɛnnʉ]
río arriba (adv)	**уверх па цячэнню**	[u'vɛrh pa tsʲa'tʃɛnnʉ]
lago (m)	**возера** (н)	['vɔzera]
presa (f)	**плаціна** (ж)	[pla'tsina]
canal (m)	**канал** (м)	[ka'nal]
pantano (m)	**балота** (н)	[ba'lɔta]
hielo (m)	**лёд** (м)	['lʲot]

19. Los países. Unidad 1

Europa (f)	**Еўропа**	[ew'rɔpa]
Unión (f) Europea	**Еўрапейскі саюз**	[ewra'pejski sa'ʉs]
europeo (m)	**еўрапеец** (м)	[ewra'peets]
europeo (adj)	**еўрапейскі**	[ewra'pejski]
Austria (f)	**Аўстрыя**	['awstrɨʲa]
Gran Bretaña (f)	**Вялікабрытанія**	[vʲalikabrɨ'taniʲa]
Inglaterra (f)	**Англія**	['anɦliʲa]
Bélgica (f)	**Бельгія**	['belʲɦiʲa]
Alemania (f)	**Германія**	[ɦer'maniʲa]
Países Bajos (m pl)	**Нідэрланды**	[nidɛr'landɨ]
Holanda (f)	**Галандыя**	[ɦa'landɨʲa]
Grecia (f)	**Грэцыя**	['ɦrɛtsɨʲa]
Dinamarca (f)	**Данія**	['daniʲa]
Irlanda (f)	**Ірландыя**	[ir'landɨʲa]
Islandia (f)	**Ісландыя**	[is'landɨʲa]
España (f)	**Іспанія**	[is'paniʲa]
Italia (f)	**Італія**	[i'taliʲa]
Chipre (m)	**Кіпр**	['kipr]
Malta (f)	**Мальта**	['malʲta]
Noruega (f)	**Нарвегія**	[nar'veɦiʲa]
Portugal (m)	**Партугалія**	[partu'ɦaliʲa]

Finlandia (f)	**Фінляндыя**	[fin'lʲandɨʲa]
Francia (f)	**Францыя**	['franʦɨʲa]
Suecia (f)	**Швецыя**	['ʃveʦɨʲa]
Suiza (f)	**Швейцарыя**	[ʃvej'ʦarɨʲa]
Escocia (f)	**Шатландыя**	[ʃat'landɨʲa]
Vaticano (m)	**Ватыкан**	[vatɨ'kan]
Liechtenstein (m)	**Ліхтэнштэйн**	[lihtɛn'ʃtɛjn]
Luxemburgo (m)	**Люксембург**	[lʉksem'burɦ]
Mónaco (m)	**Манака**	[ma'naka]
Albania (f)	**Албанія**	[al'baniʲa]
Bulgaria (f)	**Балгарыя**	[bal'ɦarɨʲa]
Hungría (f)	**Венгрыя**	['venɦrɨʲa]
Letonia (f)	**Латвія**	['latviʲa]
Lituania (f)	**Літва**	[lit'va]
Polonia (f)	**Польшча**	['pɔlʲʃɕa]
Rumania (f)	**Румынія**	[ru'mɨniʲa]
Serbia (f)	**Сербія**	['serbiʲa]
Eslovaquia (f)	**Славакія**	[sla'vakiʲa]
Croacia (f)	**Харватыя**	[har'vatɨʲa]
Chequia (f)	**Чэхія**	['ʧɛhiʲa]
Estonia (f)	**Эстонія**	[ɛs'tɔniʲa]
Bosnia y Herzegovina	**Боснія і Герцагавіна**	['bɔsniʲa i ɦerʦaɦa'vina]
Macedonia	**Македонія**	[make'dɔniʲa]
Eslovenia	**Славенія**	[sla'veniʲa]
Montenegro (m)	**Чарнагорыя**	[ʧarna'ɦɔrɨʲa]
Bielorrusia (f)	**Беларусь**	[bela'rusʲ]
Moldavia (f)	**Малдова**	[mal'dɔva]
Rusia (f)	**Расія**	[ra'siʲa]
Ucrania (f)	**Украіна**	[ukra'ina]

20. Los países. Unidad 2

Asia (f)	**Азія**	['aziʲa]
Vietnam (m)	**В'етнам**	[vˀet'nam]
India (f)	**Індыя**	['indɨʲa]
Israel (m)	**Ізраіль**	[iz'railʲ]
China (f)	**Кітай**	[ki'taj]
Líbano (m)	**Ліван**	[li'van]
Mongolia (f)	**Манголія**	[man'ɦɔliʲa]
Malasia (f)	**Малайзія**	[ma'lajziʲa]
Pakistán (m)	**Пакістан**	[paki'stan]
Arabia (f) Saudita	**Саудаўская Аравія**	[sa'udawskaʲa a'rawiʲa]
Tailandia (f)	**Тайланд**	[taj'lant]
Taiwán (m)	**Тайвань**	[taj'vanʲ]

Turquía (f)	**Турцыя**	['turʦɨʲa]
Japón (m)	**Японія**	[ʲa'pɔniʲa]
Afganistán (m)	**Афганістан**	[afɦani'stan]
Bangladesh (m)	**Бангладэш**	[banɦla'dɛʃ]
Indonesia (f)	**Інданезія**	[inda'neziʲa]
Jordania (f)	**Іарданія**	[iar'daniʲa]
Irak (m)	**Ірак**	[i'rak]
Irán (m)	**Іран**	[i'ran]
Camboya (f)	**Камбоджа**	[kam'bɔʤa]
Kuwait (m)	**Кувейт**	[ku'vejt]
Laos (m)	**Лаос**	[la'ɔs]
Myanmar (m)	**М'янма**	['mˀʲanma]
Nepal (m)	**Непал**	[ne'pal]
Emiratos (m pl) Árabes Unidos	**Аб'яднаныя Арабскія Эміраты**	[abˀʲad'nanɨʲa a'rapskiʲa ɛmi'ratɨ]
Siria (f)	**Сірыя**	['sirɨʲa]
Palestina (f)	**Палесцінская аўтаномія**	[pales'ʦinskaʲa awta'nɔmiʲa]
Corea (f) del Sur	**Паўднёвая Карэя**	[paw'dnʲovaʲa ka'rɛʲa]
Corea (f) del Norte	**Паўночная Карэя**	[paw'nɔʧnaʲa ka'rɛʲa]
Estados Unidos de América	**Злучаныя Штаты Амерыкі**	[zluʧanɨʲa ʃ'tatɨ a'merɨki]
Canadá (f)	**Канада**	[ka'nada]
Méjico (m)	**Мексіка**	['meksika]
Argentina (f)	**Аргенціна**	[arɦen'ʦina]
Brasil (m)	**Бразілія**	[bra'ziliʲa]
Colombia (f)	**Калумбія**	[ka'lumbiʲa]
Cuba (f)	**Куба**	['kuba]
Chile (m)	**Чылі**	['ʧɨli]
Venezuela (f)	**Венесуэла**	[venesu'ɛla]
Ecuador (m)	**Эквадор**	[ɛkva'dɔr]
Islas (f pl) Bahamas	**Багамскія астравы**	[ba'ɦamskiʲa astra'vɨ]
Panamá (f)	**Панама**	[pa'nama]
Egipto (m)	**Егіпет**	[e'ɦipet]
Marruecos (m)	**Марока**	[ma'rɔka]
Túnez (m)	**Туніс**	[tu'nis]
Kenia (f)	**Кенія**	['keniʲa]
Libia (f)	**Лівія**	['liviʲa]
República (f) Sudafricana	**Паўднёва-Афрыканская Рэспубліка**	[paw'dnʲova afrɨ'kanskaʲa rɛs'publika]
Australia (f)	**Аўстралія**	[aw'straliʲa]
Nueva Zelanda (f)	**Новая Зеландыя**	['nɔvaʲa ze'landɨʲa]

21. El tiempo. Los desastres naturales

tiempo (m)	**надвор'е** (н)	[na'dvɔr'ˀe]
previsión (f) del tiempo	**прагноз** (м) **надвор'я**	[praɦ'nɔs nad'vɔr'ˀja]
temperatura (f)	**тэмпература** (ж)	[tɛmpera'tura]
termómetro (m)	**тэрмометр** (м)	[tɛr'mɔmetr]
barómetro (m)	**барометр** (м)	[ba'rɔmetr]
sol (m)	**сонца** (н)	['sɔnʦa]
brillar (vi)	**свяціць**	[svʲa'ʦiʦʲ]
soleado (un día ~)	**сонечны**	['sɔneʧnɨ]
elevarse (el sol)	**узысці**	[uzɨs'ʦi]
ponerse (vr)	**сесці**	['sesʲʦi]
lluvia (f)	**дождж** (м)	['dɔʃɕ]
está lloviendo	**ідзе дождж**	[i'ʣe 'dɔʃɕ]
aguacero (m)	**праліўны дождж** (м)	[praliw'nɨ 'dɔʃɕ]
nubarrón (m)	**хмара** (ж)	['hmara]
charco (m)	**лужына** (ж)	['luʒɨna]
mojarse (vr)	**мокнуць**	['mɔknuʦʲ]
tormenta (f)	**навальніца** (ж)	[navalʲ'niʦa]
relámpago (m)	**маланка** (ж)	[ma'lanka]
relampaguear (vi)	**бліскаць**	['bliskaʦʲ]
trueno (m)	**гром** (м)	['ɦrɔm]
está tronando	**грыміць гром**	[ɦrɨ'miʦʲ 'ɦrɔm]
granizo (m)	**град** (м)	['ɦrat]
está granizando	**ідзе град**	[i'ʣe 'ɦrat]
bochorno (m)	**гарачыня** (ж)	[ɦaraʧɨ'nʲa]
hace mucho calor	**горача**	['ɦɔraʧa]
hace calor (templado)	**цёпла**	['ʦʲopla]
hace frío	**холадна**	['hɔladna]
niebla (f)	**туман** (м)	[tu'man]
nebuloso (adj)	**туманны**	[tu'mannɨ]
nube (f)	**воблака** (н)	['vɔblaka]
nuboso (adj)	**воблачны**	['vɔblaʧnɨ]
humedad (f)	**вільготнасць** (ж)	[vilʲ'ɦɔtnasʦʲ]
nieve (f)	**снег** (м)	['sneɦ]
está nevando	**ідзе снег**	[i'ʣe 'sneɦ]
helada (f)	**мароз** (м)	[ma'rɔs]
bajo cero (adv)	**ніжэй за нуль**	[ni'ʒɛj za 'nulʲ]
escarcha (f)	**шэрань** (ж)	['ʃɛranʲ]
mal tiempo (m)	**непагадзь** (ж)	['nepaɦaʦʲ]
catástrofe (f)	**катастрофа** (ж)	[kata'strɔfa]
inundación (f)	**паводка** (ж)	[pa'vɔtka]
avalancha (f)	**лавіна** (ж)	[la'vina]
terremoto (m)	**землятрус** (м)	[zemlʲa'trus]

sacudida (f)	**штуршок** (м)	[ʃtur'ʃɔk]
epicentro (m)	**эпіцэнтр** (м)	[ɛpi'tsɛntr]
erupción (f)	**вывяржэнне** (н)	[vɨvʲar'ʒɛnne]
lava (f)	**лава** (ж)	['lava]
tornado (m)	**тарнада** (м)	[tar'nada]
torbellino (m)	**смерч** (м)	['smertʃ]
huracán (m)	**ураган** (м)	[ura'ɦan]
tsunami (m)	**цунамі** (н)	[tsu'nami]
ciclón (m)	**цыклон** (м)	[tsɨk'lɔn]

22. Los animales. Unidad 1

animal (m)	**жывёліна** (ж)	[ʒɨ'vʲolina]
carnívoro (m)	**драпежнік** (м)	[dra'peʒnik]
tigre (m)	**тыгр** (м)	['tɨɦr]
león (m)	**леў** (м)	['lew]
lobo (m)	**воўк** (м)	['vɔwk]
zorro (m)	**ліса** (ж)	['lisa]
jaguar (m)	**ягуар** (м)	[ʲaɦu'ar]
lince (m)	**рысь** (ж)	['rɨsʲ]
coyote (m)	**каёт** (м)	[ka'ʲot]
chacal (m)	**шакал** (м)	[ʃa'kal]
hiena (f)	**гіена** (ж)	[ɦi'ena]
ardilla (f)	**вавёрка** (ж)	[va'vʲorka]
erizo (m)	**вожык** (м)	['vɔʒɨk]
conejo (m)	**трус** (м)	['trus]
mapache (m)	**янот** (м)	[ʲa'nɔt]
hámster (m)	**хамяк** (м)	[ha'mʲak]
topo (m)	**крот** (м)	['krɔt]
ratón (m)	**мыш** (ж)	['mɨʃ]
rata (f)	**пацук** (м)	[pa'tsuk]
murciélago (m)	**кажан** (м)	[ka'ʒan]
castor (m)	**бабёр** (м)	[ba'bʲor]
caballo (m)	**конь** (м)	['kɔnʲ]
ciervo (m)	**алень** (м)	[a'lenʲ]
camello (m)	**вярблюд** (м)	[vʲar'blʉt]
cebra (f)	**зебра** (ж)	['zebra]
ballena (f)	**кіт** (м)	['kit]
foca (f)	**цюлень** (м)	[tsʉ'lenʲ]
morsa (f)	**морж** (м)	['mɔrʃ]
delfín (m)	**дэльфін** (м)	[dɛlʲ'fin]
oso (m)	**мядзведзь** (м)	[mʲadz'vedzʲ]
mono (m)	**малпа** (ж)	['malpa]

elefante (m)	**слон** (м)	['slɔn]
rinoceronte (m)	**насарог** (м)	[nasa'rɔɦ]
jirafa (f)	**жырафа** (ж)	[ʒɨ'rafa]
hipopótamo (m)	**бегемот** (м)	[beɦe'mɔt]
canguro (m)	**кенгуру** (м)	[kenɦu'ru]
gata (f)	**кошка** (ж)	['kɔʃka]
perro (m)	**сабака** (м)	[sa'baka]
vaca (f)	**карова** (ж)	[ka'rɔva]
toro (m)	**бык** (м)	['bɨk]
oveja (f)	**авечка** (ж)	[a'vetʃka]
cabra (f)	**каза** (ж)	[ka'za]
asno (m)	**асёл** (м)	[a'sʲol]
cerdo (m)	**свіння** (ж)	[svi'nnʲa]
gallina (f)	**курыца** (ж)	['kurɨtsa]
gallo (m)	**певень** (м)	['pevenʲ]
pato (m)	**качка** (ж)	['katʃka]
ganso (m)	**гусь** (ж)	['ɦusʲ]
pava (f)	**індычка** (ж)	[in'dɨtʃka]
perro (m) pastor	**аўчарка** (ж)	[aw'tʃarka]

23. Los animales. Unidad 2

pájaro (m)	**птушка** (ж)	['ptuʃka]
paloma (f)	**голуб** (м)	['ɦɔlup]
gorrión (m)	**верабей** (м)	[vera'bej]
carbonero (m)	**сініца** (ж)	[si'nitsa]
urraca (f)	**сарока** (ж)	[sa'rɔka]
águila (f)	**арол** (м)	[a'rɔl]
azor (m)	**ястраб** (м)	['ʲastrap]
halcón (m)	**сокал** (м)	['sɔkal]
cisne (m)	**лебедзь** (м)	['lebetsʲ]
grulla (f)	**журавель** (м)	[ʒura'velʲ]
cigüeña (f)	**бусел** (м)	['busel]
loro (m), papagayo (m)	**папугай** (м)	[papu'ɦaj]
pavo (m) real	**паўлін** (м)	[paw'lin]
avestruz (m)	**страус** (м)	['straus]
garza (f)	**чапля** (ж)	['tʃaplʲa]
ruiseñor (m)	**салавей** (м)	[sala'vej]
golondrina (f)	**ластаўка** (ж)	['lastawka]
pájaro carpintero (m)	**дзяцел** (м)	['dzʲatsel]
cuco (m)	**зязюля** (ж)	[zʲa'zʉlʲa]
lechuza (f)	**сава** (ж)	[sa'va]
pingüino (m)	**пінгвін** (м)	[pinɦ'vin]

atún (m)	**тунец** (м)	[tu'nets]
trucha (f)	**стронга** (ж)	['stronɦa]
anguila (f)	**вугор** (м)	[vu'ɦor]
tiburón (m)	**акула** (ж)	[a'kula]
centolla (f)	**краб** (м)	['krap]
medusa (f)	**медуза** (ж)	[me'duza]
pulpo (m)	**васьміног** (м)	[vasʲmi'noɦ]
estrella (f) de mar	**марская зорка** (ж)	[mar'skaʲa 'zorka]
erizo (m) de mar	**марскі вожык** (м)	[mar'ski 'voʒɨk]
caballito (m) de mar	**марскі конік** (м)	[mar'ski 'konik]
camarón (m)	**крэветка** (ж)	[krɛ'vetka]
serpiente (f)	**змяя** (ж)	[zmæ'ʲa]
víbora (f)	**гадзюка** (ж)	[ɦa'dzʉka]
lagarto (m)	**яшчарка** (ж)	['ʲaʃɕarka]
iguana (f)	**ігуана** (ж)	[iɦu'ana]
camaleón (m)	**хамелеон** (м)	[hamele'on]
escorpión (m)	**скарпіён** (м)	[skarpi'ʲon]
tortuga (f)	**чарапаха** (ж)	[ʧara'paha]
rana (f)	**жаба** (ж)	['ʒaba]
cocodrilo (m)	**кракадзіл** (м)	[kraka'dzil]
insecto (m)	**насякомае** (н)	[nasʲa'komae]
mariposa (f)	**матылёк** (м)	[matɨ'lʲok]
hormiga (f)	**мурашка** (ж)	[mu'raʃka]
mosca (f)	**муха** (ж)	['muha]
mosquito (m) (picadura de ~)	**камар** (м)	[ka'mar]
escarabajo (m)	**жук** (м)	['ʒuk]
abeja (f)	**пчала** (ж)	[pʧa'la]
araña (f)	**павук** (м)	[pa'vuk]
mariquita (f)	**божая кароўка** (ж)	[boʒaʲa ka'rowka]

24. Los árboles. Las plantas

árbol (m)	**дрэва** (н)	['drɛva]
abedul (m)	**бяроза** (ж)	[bʲa'roza]
roble (m)	**дуб** (м)	['dup]
tilo (m)	**ліпа** (ж)	['lipa]
pobo (m)	**асіна** (ж)	[a'sina]
arce (m)	**клён** (м)	['klʲon]
pícea (f)	**елка** (ж)	['elka]
pino (m)	**сасна** (ж)	[sas'na]
cedro (m)	**кедр** (м)	['kedr]
álamo (m)	**таполя** (ж)	[ta'polʲa]
serbal (m)	**рабіна** (ж)	[ra'bina]

haya (f)	**бук** (м)	['buk]
olmo (m)	**вяз** (м)	['vʲas]
fresno (m)	**ясень** (м)	['ʲasenʲ]
castaño (m)	**каштан** (м)	[kaʃ'tan]
palmera (f)	**пальма** (ж)	['palʲma]
mata (f)	**куст** (м)	['kust]
seta (f)	**грыб** (м)	['ɦrɨp]
seta (f) venenosa	**атрутны грыб** (м)	[a'trutnɨ 'ɦrɨp]
seta calabaza (f)	**баравік** (м)	[bara'vik]
rúsula (f)	**сыраежка** (ж)	[sɨra'eʃka]
matamoscas (m)	**мухамор** (м)	[muha'mɔr]
oronja (f) verde	**паганка** (ж)	[pa'ɦanka]
flor (f)	**кветка** (ж)	['kvetka]
ramo (m) de flores	**букет** (м)	[bu'ket]
rosa (f)	**ружа** (ж)	['ruʒa]
tulipán (m)	**цюльпан** (м)	[ʦʉlʲ'pan]
clavel (m)	**гваздзік** (м)	[ɦvazʲ'ʣik]
manzanilla (f)	**рамонак** (м)	[ra'mɔnak]
cacto (m)	**кактус** (м)	['kaktus]
muguete (m)	**ландыш** (м)	['landɨʃ]
campanilla (f) de las nieves	**падснежнік** (м)	[pat'sneʒnik]
nenúfar (m)	**гарлачык** (м)	[ɦar'laʧɨk]
invernadero (m) tropical	**аранжарэя** (ж)	[aranʒa'rɛʲa]
césped (m)	**газон** (м)	[ɦa'zɔn]
macizo (m) de flores	**клумба** (ж)	['klumba]
planta (f)	**расліна** (ж)	[ras'lina]
hierba (f)	**трава** (ж)	[tra'va]
hoja (f)	**ліст** (м)	['list]
pétalo (m)	**пялёстак** (м)	[pʲa'lʲostak]
tallo (m)	**сцябло** (н)	[sʦʲab'lɔ]
retoño (m)	**расток** (м)	[ras'tɔk]
cereales (m pl) (plantas)	**зерневыя расліны** (ж мн)	[zernevɨʲa ra'slinɨ]
trigo (m)	**пшаніца** (ж)	[pʃa'niʦa]
centeno (m)	**жыта** (н)	['ʒɨta]
avena (f)	**авёс** (м)	[a'vʲos]
mijo (m)	**проса** (н)	['prɔsa]
cebada (f)	**ячмень** (м)	[ʲaʧ'menʲ]
maíz (m)	**кукуруза** (ж)	[kuku'ruza]
arroz (m)	**рыс** (м)	['rɨs]

25. Varias palabras útiles

alto (m) (parada temporal)	**перапынак** (м)	[pera'pɨnak]
ayuda (f)	**дапамога** (ж)	[dapa'mɔɦa]

balance (m)	**баланс** (м)	[ba'lans]
base (f) (~ científica)	**база** (ж)	['baza]
categoría (f)	**катэгорыя** (ж)	[katɛ'ɦɔrʲa]
coincidencia (f)	**супадзенне** (н)	[supa'ʣenne]
comienzo (m) (principio)	**пачатак** (м)	[pa'ʧatak]
comparación (f)	**параўнанне** (н)	[paraw'nanne]
desarrollo (m)	**развіццё** (н)	[razʲvi'ʦʲo]
diferencia (f)	**адрозненне** (н)	[ad'rɔzʲnenne]
efecto (m)	**эфект** (м)	[ɛ'fekt]
ejemplo (m)	**прыклад** (м)	['prɨklat]
variedad (f) (selección)	**выбар** (м)	['vɨbar]
elemento (m)	**элемент** (м)	[ɛle'ment]
error (m)	**памылка** (ж)	[pa'mɨlka]
esfuerzo (m)	**намаганне** (н)	[nama'ɦanne]
estándar (adj)	**стандартны**	[stan'dartnɨ]
estilo (m)	**стыль** (м)	['stɨlʲ]
forma (f) (contorno)	**форма** (ж)	['fɔrma]
grado (m) (en mayor ~)	**ступень** (ж)	[stu'penʲ]
hecho (m)	**факт** (м)	['fakt]
ideal (m)	**ідэал** (м)	[idɛ'al]
modo (m) (de otro ~)	**спосаб** (м)	['spɔsap]
momento (m)	**момант** (м)	['mɔmant]
obstáculo (m)	**перашкода** (ж)	[pera'ʃkɔda]
parte (f)	**частка** (ж)	['ʧastka]
pausa (f)	**паўза** (ж)	['pawza]
posición (f)	**пазіцыя** (ж)	[pa'ziʦɨʲa]
problema (m)	**праблема** (ж)	[prab'lema]
proceso (m)	**працэс** (м)	[pra'ʦɛs]
progreso (m)	**прагрэс** (м)	[praɦ'rɛs]
propiedad (f) (cualidad)	**уласцівасць** (ж)	[ulas'ʦivasʦʲ]
reacción (f)	**рэакцыя** (ж)	[rɛ'akʦɨʲa]
riesgo (m)	**рызыка** (ж)	['rɨzɨka]
secreto (m)	**таямніца** (ж)	[taʲam'niʦa]
serie (f)	**серыя** (ж)	['serɨʲa]
sistema (m)	**сістэма** (ж)	[sis'tɛma]
situación (f)	**сітуацыя** (ж)	[situ'aʦɨʲa]
solución (f)	**рашэнне** (н)	[ra'ʃɛnne]
tabla (f) (~ de multiplicar)	**табліца** (ж)	[tab'liʦa]
tempo (m) (ritmo)	**тэмп** (м)	['tɛmp]
término (m)	**тэрмін** (м)	['tɛrmin]
tipo (m) (p.ej. ~ de deportes)	**від** (м)	['vit]
turno (m) (esperar su ~)	**чарга** (ж)	[ʧar'ɦa]
urgente (adj)	**тэрміновы**	[tɛrmi'nɔvɨ]
utilidad (f)	**карысць** (ж)	[ka'rɨsʦʲ]

variante (f)	**варыянт** (м)	[vari'ʲant]
verdad (f)	**ісціна** (ж)	['isʲʦina]
zona (f)	**зона** (ж)	['zɔna]

26. Los adjetivos. Unidad 1

abierto (adj)	**адчынены**	[a'ʧɨnenɨ]
adicional (adj)	**дадатковы**	[dadat'kɔvɨ]
agrio (sabor ~)	**кіслы**	['kislɨ]
agudo (adj)	**востры**	['vɔstrɨ]
amargo (adj)	**горкі**	['ɦɔrki]
amplio (~a habitación)	**прасторны**	[pra'stɔrnɨ]
antiguo (adj)	**старажытны**	[stara'ʒɨtnɨ]
arriesgado (adj)	**рызыкоўны**	[rɨzɨ'kɔwnɨ]
artificial (adj)	**штучны**	['ʃtuʧnɨ]
azucarado, dulce (adj)	**салодкі**	[sa'lɔtki]
bajo (voz ~a)	**ціхі**	['ʦihi]
bello (hermoso)	**прыгожы**	[prɨ'ɦɔʒɨ]
blando (adj)	**мяккі**	['mʲakki]
bronceado (adj)	**загарэлы**	[zaɦa'rɛlɨ]
central (adj)	**цэнтральны**	[ʦɛn'tralʲnɨ]
ciego (adj)	**сляпы**	[sʲlʲa'pɨ]
clandestino (adj)	**падпольны**	[pat'pɔlʲnɨ]
compatible (adj)	**сумяшчальны**	[sumʲa'ʃɕalʲnɨ]
congelado (pescado ~)	**замарожаны**	[zama'rɔʒanɨ]
contento (adj)	**задаволены**	[zada'vɔlenɨ]
continuo (adj)	**працяглы**	[pra'ʦʲaɦlɨ]
cortés (adj)	**ветлівы**	['vetlivɨ]
corto (adj)	**кароткі**	[ka'rɔtki]
crudo (huevos ~s)	**сыры**	[sɨ'rɨ]
de segunda mano	**ужываны**	[uʒɨ'vanɨ]
denso (~a niebla)	**густы**	[ɦus'tɨ]
derecho (adj)	**правы**	['pravɨ]
difícil (decisión)	**цяжкі**	['ʦʲaʃki]
dulce (agua ~)	**прэсны**	['prɛsnɨ]
duro (material, etc.)	**цвёрды**	['ʦvʲordɨ]
enfermo (adj)	**хворы**	['hvɔrɨ]
enorme (adj)	**вялізны**	[vʲa'liznɨ]
especial (adj)	**спецыяльны**	[speʦɨ'ʲalʲnɨ]
estrecho (calle, etc.)	**вузкі**	['vuski]
exacto (adj)	**дакладны**	[da'kladnɨ]
excelente (adj)	**выдатны**	[vɨ'datnɨ]
excesivo (adj)	**празмерны**	[praz'mernɨ]
exterior (adj)	**вонкавы**	['vɔnkavɨ]

fácil (adj)	**лёгкі**	['lʲoɦki]
feliz (adj)	**шчаслівы**	[ʃɕas'livɨ]
fértil (la tierra ~)	**урадлівы**	[urad'livɨ]
frágil (florero, etc.)	**ломкі**	['lɔmki]
fuerte (~ voz)	**гучны**	['ɦuʧnɨ]
fuerte (adj)	**моцны**	['mɔʦnɨ]
grande (en dimensiones)	**вялікі**	[vʲa'liki]
gratis (adj)	**бясплатны**	[bʲas'platnɨ]
importante (adj)	**важны**	['vaʒnɨ]
infantil (adj)	**дзіцячы**	[ʣi'ʦʲaʧɨ]
inmóvil (adj)	**нерухомы**	[neru'hɔmɨ]
inteligente (adj)	**разумны**	[ra'zumnɨ]
interior (adj)	**унутраны**	[u'nutranɨ]
izquierdo (adj)	**левы**	['levɨ]

27. Los adjetivos. Unidad 2

largo (camino)	**доўгі**	['dɔwɦi]
legal (adj)	**законны**	[za'kɔnnɨ]
ligero (un metal ~)	**лёгкі**	['lʲoɦki]
limpio (camisa ~)	**чысты**	['ʧɨstɨ]
líquido (adj)	**вадкі**	['vatki]
liso (piel, pelo, etc.)	**гладкі**	['ɦlatki]
lleno (adj)	**поўны**	['pɔwnɨ]
maduro (fruto, etc.)	**спелы**	['spelɨ]
malo (adj)	**дрэнны**	['drɛnnɨ]
mate (sin brillo)	**матавы**	['matavɨ]
misterioso (adj)	**загадкавы**	[za'ɦatkavɨ]
muerto (adj)	**мёртвы**	['mʲortvɨ]
natal (país ~)	**родны**	['rɔdnɨ]
negativo (adj)	**адмоўны**	[ad'mɔwnɨ]
no difícil (adj)	**няцяжкі**	[nʲa'ʦʲaʃki]
normal (adj)	**нармальны**	[nar'malʲnɨ]
nuevo (adj)	**новы**	['nɔvɨ]
obligatorio (adj)	**абавязковы**	[abavʲas'kɔvɨ]
opuesto (adj)	**супрацьлеглы**	[supraʦʲ'leɦlɨ]
ordinario (adj)	**звычайны**	[zvɨ'ʧajnɨ]
original (inusual)	**арыгінальны**	[arɨɦi'nalʲnɨ]
peligroso (adj)	**небяспечны**	[nebʲas'peʧnɨ]
pequeño (adj)	**маленькі, малы**	[ma'lenʲki], [ma'lɨ]
perfecto (adj)	**надзвычайны**	[naʣvɨ'ʧajnɨ]
personal (adj)	**асабісты**	[asa'bistɨ]
pobre (adj)	**бедны**	['bednɨ]
poco claro (adj)	**незразумелы**	[nezrazu'melɨ]

poco profundo (adj)	**мелкі**	['melki]
posible (adj)	**магчымы**	[maɦ'ʧɨmɨ]
principal (~ idea)	**асноўны**	[as'nɔwnɨ]
principal (la entrada ~)	**галоўны**	[ɦa'lɔwnɨ]
probable (adj)	**імаверны**	[ima'vernɨ]
público (adj)	**грамадскі**	[ɦra'maʦki]
rápido (adj)	**хуткі**	['hutki]
raro (adj)	**рэдкі**	['rɛtki]
recto (línea ~a)	**прамы**	[pra'mɨ]
sabroso (adj)	**смачны**	['smaʧnɨ]
siguiente (avión, etc.)	**наступны**	[na'stupnɨ]
similar (adj)	**падобны**	[pa'dɔbnɨ]
sólido (~a pared)	**трывалы**	[trɨ'valɨ]
sucio (no limpio)	**брудны**	['brudnɨ]
tonto (adj)	**дурны**	[dur'nɨ]
triste (mirada ~)	**сумны**	['sumnɨ]
último (~a oportunidad)	**апошні**	[a'pɔʃni]
último (~a vez)	**мінулы**	[mi'nulɨ]
vacío (vaso medio ~)	**пусты**	[pus'tɨ]
viejo (casa ~a)	**стары**	[sta'rɨ]

28. Los verbos. Unidad 1

abrir (vt)	**адчыняць**	[aʧɨ'nʲaʦʲ]
acabar, terminar (vt)	**заканчваць**	[za'kanʧvaʦʲ]
acusar (vt)	**абвінавачваць**	[abvina'vaʧvaʦʲ]
agradecer (vt)	**дзякаваць**	['ʣʲakavaʦʲ]
almorzar (vi)	**абедаць**	[a'bedaʦʲ]
alquilar (~ una casa)	**наймаць**	[naj'maʦʲ]
anular (vt)	**скасаваць**	[skasa'vaʦʲ]
anunciar (vt)	**абвяшчаць**	[abvʲa'ʃɕaʦʲ]
apagar (vt)	**выключаць**	[vɨklʉ'ʧaʦʲ]
autorizar (vt)	**дазваляць**	[dazva'lʲaʦʲ]
ayudar (vt)	**дапамагаць**	[dapama'ɦaʦʲ]
bailar (vi, vt)	**танцаваць**	[tanʦa'vaʦʲ]
beber (vi, vt)	**піць**	['piʦʲ]
borrar (vt)	**выдаліць**	['vɨdaliʦʲ]
bromear (vi)	**жартаваць**	[ʒarta'vaʦʲ]
bucear (vi)	**ныраць**	[nɨ'raʦʲ]
caer (vi)	**падаць**	['padaʦʲ]
cambiar (vt)	**змяніць**	[zmʲa'niʦʲ]
cantar (vi)	**пець**	['peʦʲ]
cavar (vt)	**капаць**	[ka'paʦʲ]
cazar (vi, vt)	**паляваць**	[palʲa'vaʦʲ]

cenar (vi)	**вячэраць**	[vʲa'ʧɛraʦʲ]
cerrar (vt)	**зачыняць**	[zaʧɨ'nʲaʦʲ]
cesar (vt)	**спыняць**	[spɨ'nʲaʦʲ]
coger (vt)	**лавіць**	[la'viʦʲ]
comenzar (vt)	**пачынаць**	[paʧɨ'naʦʲ]
comer (vi, vt)	**есці**	['esʲʦi]
comparar (vt)	**параўноўваць**	[paraw'nɔwvaʦʲ]
comprar (vt)	**купляць**	[kup'lʲaʦʲ]
comprender (vt)	**разумець**	[razu'meʦʲ]
confiar (vt)	**давяраць**	[davʲa'raʦʲ]
confirmar (vt)	**пацвердзіць**	[paʦ'verʣiʦʲ]
conocer (~ a alguien)	**ведаць**	['vedaʦʲ]
construir (vt)	**будаваць**	[buda'vaʦʲ]
contar (una historia)	**апавядаць**	[apavʲa'daʦʲ]
contar (vt) (enumerar)	**лічыць**	[li'ʧɨʦʲ]
contar con ...	**разлічваць на ...**	[raz'liʧvaʦʲ na ...]
copiar (vt)	**скапіраваць**	[ska'piravaʦʲ]
correr (vi)	**бегчы**	['beɦʧɨ]
costar (vt)	**каштаваць**	[kaʃta'vaʦʲ]
crear (vt)	**стварыць**	[stva'rɨʦʲ]
creer (en Dios)	**верыць**	['verɨʦʲ]
dar (vt)	**даваць**	[da'vaʦʲ]
decidir (vt)	**вырашаць**	[vɨra'ʃaʦʲ]
decir (vt)	**сказаць**	[ska'zaʦʲ]
dejar caer	**упускаць**	[upus'kaʦʲ]
depender de ...	**залежаць ад ...**	[za'leʒaʦʲ at ...]
desaparecer (vi)	**прапасці**	[pra'pasʲʦi]
desayunar (vi)	**снедаць**	['snedaʦʲ]
despreciar (vt)	**пагарджаць**	[paɦar'ʤaʦʲ]
disculpar (vt)	**прабачаць**	[praba'ʧaʦʲ]
disculparse (vr)	**прасіць прабачэння**	[pra'siʦʲ praba'ʧɛnnʲa]
discutir (vt)	**абмяркоўваць**	[abmʲar'kɔwvaʦʲ]
divorciarse (vr)	**развесціся**	[raz'vesʲʦisʲa]
dudar (vt)	**сумнявацца**	[sumnʲa'vaʦa]

29. Los verbos. Unidad 2

encender (vt)	**уключаць**	[uklʉ'ʧaʦʲ]
encontrar (hallar)	**знаходзіць**	[zna'hɔʣiʦʲ]
encontrarse (vr)	**сустракацца**	[sustra'kaʦa]
engañar (vi, vt)	**падманваць**	[pad'manvaʦʲ]
enviar (vt)	**адпраўляць**	[atpraw'lʲaʦʲ]
equivocarse (vr)	**памыляцца**	[pamɨ'lʲaʦa]
escoger (vt)	**выбіраць**	[vɨbi'raʦʲ]
esconder (vt)	**хаваць**	[ha'vaʦʲ]

escribir (vt)	**пісаць**	[pi'saʦʲ]
esperar (aguardar)	**чакаць**	[ʧa'kaʦʲ]
esperar (tener esperanza)	**спадзявацца**	[spaʣʲa'vaʦa]
estar ausente	**адсутнічаць**	[a'ʦutniʧaʦʲ]
estar cansado	**стамляцца**	[stam'lʲaʦa]
estar de acuerdo	**згаджацца**	[zɦa'ʤaʦa]
estudiar (vt)	**вывучаць**	[vɨvu'ʧaʦʲ]
exigir (vt)	**патрабаваць**	[patraba'vaʦʲ]
existir (vi)	**існаваць**	[isna'vaʦʲ]
explicar (vt)	**тлумачыць**	[tlu'maʧɨʦʲ]
faltar (a las clases)	**прапускаць**	[prapus'kaʦʲ]
felicitar (vt)	**віншаваць**	[vinʃa'vaʦʲ]
firmar (~ el contrato)	**падпісваць**	[pat'pisvaʦʲ]
girar (~ a la izquierda)	**паварочваць**	[pava'rɔʧvaʦʲ]
gritar (vi)	**крычаць**	[krɨ'ʧaʦʲ]
guardar (conservar)	**захоўваць**	[za'hɔwvaʦʲ]
gustar (vi)	**падабацца**	[pada'baʦa]
hablar (vi, vt)	**гаварыць**	[ɦava'rɨʦʲ]
hablar con ...	**гаварыць з ...**	[ɦava'rɨʦʲ s ...]
hacer (vt)	**рабіць**	[ra'biʦʲ]
hacer la limpieza	**прыбіраць**	[prɨbi'raʦʲ]
insistir (vi)	**настойваць**	[na'stɔjvaʦʲ]
insultar (vt)	**абражаць**	[abra'ʒaʦʲ]
invitar (vt)	**запрашаць**	[zapra'ʃaʦʲ]
ir (a pie)	**ісці**	[is'ʦi]
jugar (divertirse)	**гуляць**	[ɦu'lʲaʦʲ]
leer (vi, vt)	**чытаць**	[ʧɨ'taʦʲ]
llegar (vi)	**прыязджаць**	[prɨʲaʒ'ʤaʦʲ]
llorar (vi)	**плакаць**	['plakaʦʲ]
matar (vt)	**забіваць**	[zabi'vaʦʲ]
mirar a ...	**глядзець на ...**	[ɦlʲa'ʣeʦʲ na ...]
molestar (vt)	**турбаваць**	[turba'vaʦʲ]
morir (vi)	**памерці**	[pa'merʦi]
mostrar (vt)	**паказваць**	[pa'kazvaʦʲ]
nacer (vi)	**нарадзіцца**	[nara'ʣiʦa]
nadar (vi)	**плаваць**	['plavaʦʲ]
negar (vt)	**адмаўляць**	[admaw'lʲaʦʲ]
obedecer (vi, vt)	**падпарадкавацца**	[patparatka'vaʦa]
odiar (vt)	**ненавідзець**	[nena'viʣeʦʲ]
oír (vt)	**чуць**	['ʧuʦʲ]
olvidar (vt)	**забываць**	[zabɨ'vaʦʲ]
orar (vi)	**маліцца**	[ma'liʦa]

30. Los verbos. Unidad 3

pagar (vi, vt)	**плаціць**	[pla'tsitsʲ]
participar (vi)	**удзельнічаць**	[u'dzelʲnitʃatsʲ]
pegar (golpear)	**біць**	['bitsʲ]
pelear (vi)	**біцца**	['bitsa]
pensar (vi, vt)	**думаць**	['dumatsʲ]
perder (paraguas, etc.)	**губляць**	[ɦub'lʲatsʲ]
perdonar (vt)	**выбачаць**	[vɨba'tʃatsʲ]
pertenecer a ...	**належаць**	[na'leʒatsʲ]
poder (v aux)	**магчы**	[maɦ'tʃɨ]
poder (v aux)	**магчы**	[maɦ'tʃɨ]
preguntar (vt)	**пытаць**	[pɨ'tatsʲ]
preparar (la cena)	**гатаваць**	[ɦata'vatsʲ]
prever (vt)	**прадбачыць**	[prad'batʃɨtsʲ]
probar (vt)	**даказваць**	[da'kazvatsʲ]
prohibir (vt)	**забараніць**	[zabara'nitsʲ]
prometer (vt)	**абяцаць**	[abʲa'tsatsʲ]
proponer (vt)	**прапаноўваць**	[prapa'nɔwvatsʲ]
quebrar (vt)	**ламаць**	[la'matsʲ]
quejarse (vr)	**скардзіцца**	['skardzitsa]
querer (amar)	**кахаць**	[ka'hatsʲ]
querer (desear)	**хацець**	[ha'tsetsʲ]
recibir (vt)	**атрымаць**	[atrɨ'matsʲ]
repetir (vt)	**паўтараць**	[pawta'ratsʲ]
reservar (~ una mesa)	**рэзерваваць**	[rɛzerva'vatsʲ]
responder (vi, vt)	**адказваць**	[at'kazvatsʲ]
robar (vt)	**красці**	['krasʲtsi]
saber (~ algo mas)	**ведаць**	['vedatsʲ]
salvar (vt)	**ратаваць**	[rata'vatsʲ]
secar (ropa, pelo)	**сушыць**	[su'ʃɨtsʲ]
sentarse (vr)	**садзіцца**	[sa'dzitsa]
sonreír (vi)	**усміхацца**	[usmi'hatsa]
tener (vt)	**мець**	['metsʲ]
tener miedo	**баяцца**	[ba'ʲatsa]
tener prisa	**спяшацца**	[spʲa'ʃatsa]
tener prisa	**спяшацца**	[spʲa'ʃatsa]
terminar (vt)	**спыняць**	[spɨ'nʲatsʲ]
tirar, disparar (vi)	**страляць**	[stra'lʲatsʲ]
tomar (vt)	**браць**	['bratsʲ]
trabajar (vi)	**працаваць**	[pratsa'vatsʲ]
traducir (vt)	**перакладаць**	[perakla'datsʲ]
tratar (de hacer algo)	**спрабаваць**	[spraba'vatsʲ]
vender (vt)	**прадаваць**	[prada'vatsʲ]

ver (vt)	**бачыць**	['batʃɨtsʲ]
verificar (vt)	**правяраць**	[pravʲa'ratsʲ]
volar (pájaro, avión)	**ляцець**	[lʲa'tsetsʲ]

www.ingramcontent.com/pod-product-compliance
Lightning Source LLC
Chambersburg PA
CBHW060028050426
42448CB00012B/2894

* 9 7 8 1 7 8 6 1 6 9 0 2 0 *